U0615150

泥土集

顾明远教育论文和随笔

顾明远 著

教育科学出版社
·北京·

出 版 人　李　东

责任编辑　孙袁华　张　璞

版式设计　孙欢欢

责任校对　贾静芳

责任印制　叶小峰

图书在版编目（CIP）数据

泥土集：顾明远教育论文和随笔／顾明远著. ——
北京：教育科学出版社，2020.5（2024.11 重印）
ISBN 978-7-5191-2166-2

Ⅰ.①泥…　Ⅱ.①顾…　Ⅲ.①教育—文集　Ⅳ.
①G4-53

中国版本图书馆 CIP 数据核字（2020）第 028818 号

泥土集：顾明远教育论文和随笔
NITU JI: GU MINGYUAN JIAOYU LUNWEN HE SUIBI

出 版 发 行	教育科学出版社				
社　　　址	北京·朝阳区安慧北里安园甲 9 号		邮　　编	100101	
总编室电话	010-64981290		编辑部电话	010-64981232	
出版部电话	010-64989487		市场部电话	010-64989009	
传　　真	010-64891796		网　　址	http://www.esph.com.cn	
经　　销	各地新华书店				
制　　作	北京金奥都图文制作中心				
印　　刷	三河市兴达印务有限公司				
开　　本	720 毫米×1020 毫米　1/16		版　次	2020 年 5 月第 1 版	
印　　张	17.25		印　次	2024 年 11 月第 4 次印刷	
字　　数	170 千		定　价	49.00 元	

图书出现印装质量问题，本社负责调换。

前　言

　　《顾明远文集》收录了我在2018年1月以前的文稿。2018年以来我又写了几篇文章和随笔，把它和文集遗漏的一些小文章凑在一起辑成《泥土集》。这样，《杂草集》《野花集》《绿叶集》《泥土集》反映了我七十余年的教育人生。我在教育理论上没有什么建树，只是做了一些杂事，有如泥土、杂草、野花、绿叶，为教育百花园里的花朵增添一点色彩。俗话说：好花也需绿叶扶，我就是绿叶。我特别喜欢泥土。鲁迅在《未有天才之前》一文中说，"想有乔木，想看好花，一定要有好土；没有土，便没有花木了；所以土实在较花木还重要"。我愿意做泥土，虽然不一定是好土，但自己觉得对好花来讲也还有点用处，故名《泥土集》。

顾明远

2019 年五一国际劳动节于北京求是书屋

目　录

|综　合　篇|

| 教　师　篇 |

| 育 人 篇 |

| 杂 文 篇 |

综 合 篇

中国特色社会主义教育理论
要以马克思主义为指导

2018 年是伟大的思想家、革命家马克思诞辰 200 周年。马克思和他的战友恩格斯在参加革命实践中，总结欧洲工人运动的经验，批判地吸收德国古典哲学、英国古典政治经济学和法国空想社会主义学说，创立了马克思主义。这一理论为人类指明了从必然王国向自由王国飞跃的途径，为人民指明了实现自由和解放的道路。中国共产党人把马克思主义与中国革命的具体实际相结合，团结带领人民经过长期奋斗，取得了新民主主义革命的胜利，并且进行社会主义现代化建设。马克思主义的科学性和真理性在中国得到了充分检验，它的人民性和实践性在中国得到了充分贯彻，它的开放性和时代性在中国得到了充分彰显！

马克思主义为中国革命、建设和改革提供了强大思想武器。中国特色社会主义教育理论体系的建设，也离不开马克思主义的指导。

马克思主义的历史唯物主义是教育研究的方法论基础

1. 马克思主义的方法论解决了教育与社会的关系及教育的本质问题

历史唯物主义和辩证法是马克思研究社会发展的主要方法。马克思运用历史唯物主义对他所处的时代和世界进行了深入考察，揭示了人类社会发展的规律，第一次提出"社会存在决定社会意识""经济基础决定上层建筑"的唯物史观。马克思在《政治经济学批判》序言中说："物质生活的生产方式制约着整个社会生活、政治生活和精神生活的过程。不是人们的意识决定人们的存在，相反，是人们的社会存在决定人们的意识。"① 这就为我们认识教育提供了科学的方法。教育是社会生产方式的产物，反映了一定社会的意识形态，因此教育离不开当时的社会存在而存在。在阶级社会中，教育具有阶级性。马克思、恩格斯在《共产党宣言》里批评资产阶级歪曲社会公共教育代替家庭教育时说："而你们的教育不也是由社会决定的吗？不也是由你们进行教育时所处的那种社会关系决定的吗？不也是由社会通过学校等等进行的直接的或间接的干涉决定的吗？共产党人并没有发明社会对教育的影响；他们仅仅是要改变这种影响的性质，要使教育摆脱统治阶级的影响。"② 因此，我们在讨论教育本质的时候，不能脱离社会的经济基础来空谈教育的本质。教育是传承文化、创新知识和培养人才的社会活动，但传承什么文化、培养什么样的人、怎么培养人，这些总是会受到当时社会生产方式的制约，并为当时的社会生产方式服务。

2. 马克思主义的方法论重视对教育自身发展规律的研究，坚持教育的本体性和功能性统一

作为促进人成长发展的过程，教育有其自身的发展规律。儿童发育成长也有规律。教育工作者要研究儿童成长的规律，研究教育规律。但教育自身规律也总是会受到社会政治经济和文化的制约。在阶级社会里，统治阶级掌握着教育权，正如《共产党宣言》中所揭示的："资产者唯恐失去的那种教育，对绝大多数人来说是把人训练成机器。"③ 所以马克思在《关于费尔巴哈

① 马克思, 恩格斯. 马克思恩格斯选集：第一卷 [M]. 3 版. 北京：人民出版社，2012：2.
② 同①418.
③ 同①417.

的提纲》一文中说："人的本质并不是单个人所固有的抽象物。在其现实性上，它是一切社会关系的总和。"①

马克思主义的唯物主义和辩证法并没有否定教育的作用。马克思主义认为，教育是人类自身再生产的活动。人类为了生存和发展，就要把老一辈的生产经验和社会生活经验传授给下一代，并培养他们健康成长，这就是教育。教育要为当时的社会经济基础服务，正如毛泽东所说："一定的文化是一定社会的政治和经济在观念形态上的反映，又给予伟大影响和作用于一定社会的政治和经济；而经济是基础，政治则是经济的集中的表现。"② 所以，教育的本体性和功能性有如硬币的两面，是互相依存的，教育既促进个体的发展，又为人类社会发展服务。但在阶级社会中，教育被统治阶级所垄断，为统治阶级服务，这就凸显了教育的功能性，忽视了教育的本体性。我国社会主义还处在初级阶段，在逐步消灭阶级差别的过程中，教育要为巩固无产阶级政权服务，为社会主义现代化建设服务，因此，要坚持教育的本体性和功能性的统一。教育是社会生产方式的产物，因此，教育随着生产方式的变革而发生变革，同时为新的生产方式服务。无产阶级掌握政权以后，在消灭阶级的过程中，社会的经济基础发生了根本的变化。中国共产党在取得革命胜利、在建设社会主义的时候，都坚持以马克思主义思想为指导，坚持"教育必须为社会主义建设服务，社会主义建设必须依靠教育"③，把教育作为每个社会成员生存的权利，努力让每个孩子享有公平而有质量的教育，同时努力培养他们成为社会主义的建设者和接班人，为中国特色社会主义现代化建设服务，为实现"两个一百年"的奋斗目标和中华民族伟大复兴的中国梦做贡献。

---

① 马克思，恩格斯. 马克思恩格斯选集：第一卷 ［M］. 3 版. 北京：人民出版社，2012：135.
② 毛泽东同志论教育工作 ［M］. 北京：人民教育出版社，1958：1.
③ 中共中央关于教育体制改革的决定（1985 年）［M］//教育改革重要文献选编. 北京：人民教育出版社，1986：15.

3. 马克思主义提供了辩证分析和处理教育领域各种矛盾和关系的方法

马克思主义的历史唯物主义和辩证法不仅在宏观上让我们认识教育与社会发展的关系，深刻认识教育的本质，同时也指导着我们分析教育的主要矛盾，处理教育内部的各种关系。当前我国教育亟须解决和处理好如下主要关系和矛盾。

第一，教育公平与教育质量的关系。教育公平不仅是使每个孩子有学上，还需要使他们能够接受有质量的教育。教育公平与教育质量其实是一个问题的两面，教育不均衡主要表现在教育质量上。在教育普及的情况下，提高教育质量就成为实现教育公平的主要条件。教育公平并不是平均主义。因为每个学生的天赋有差异、生活的环境也不同，只有因材施教，给每个学生提供适合的教育，充分发挥学生潜能，才是最公平的教育。

第二，应试教育与素质教育的矛盾。提高人的素质是教育的根本目的。但如何判断一个人的素质？在高等学校招生选拔人才的时候如何判断学生的素质？目前在中国最公平的办法还是采用考试。有考试就有应试，应试过程中又往往会忽视学生全面素质的提高。应试教育把应试作为目的，违背了教育的根本目的，也违背了马克思关于人的全面发展和教育发展的思想。它与素质教育在教育目的上是对立的。只有克服应试教育才能顺利地推进素质教育。因此，我们需要转变观念，要从国家现代化建设的大局出发，从年轻一代未来发展出发，坚持党的教育方针，重视学生全面发展和综合素质的提高；同时要改进招生考试制度，做到既公平又科学地选拔人才。

第三，教与学的关系。在当今信息社会，教师已经不是唯一的知识载体，也不再是知识的权威，学生可从各种媒体上获得知识。因此教育学界都提倡现代教育应该把教师的"教"转向学生的"学"。但是在教育过程中是不是就不需要教师了呢？绝对不是。学生还是在成长过程中，身体发育和认知能力都还不成熟，学生的"学"，需要教师的指导。强调学生的

"学",指的是教师引导、帮助学生积极主动地学习,鼓励其用心探索和思考,这样才能理解和获得真正的知识和能力。因此,教师要成为学生学习的引路人和共同学习的伙伴。教育研究者要学会用马克思主义的方法论辩证地看待教与学的关系,任何时候,怀疑、弱化教师教学作用的观点都是错误、有害的。

第四,技术主义和人文主义的矛盾。当今世界进入了信息化、人工智能的时代。信息化、人工智能的发展改变了人类的生产和生活,同时也引起了教育的变革,使教育的生态发生了根本性的变化。因而有学者认为信息技术将颠覆传统教育,成为培养人才的主要途径。这样的观点是站不住脚的。技术的发展是为了人,教育的本质是培养人,立德树人的教育根本任务任何时候都不会变。特别是当今世界充满着种种矛盾,政治的动荡变幻、科技的日新月异、经济的全球化、文化的多元化、价值观的多样化以及教育的普及化、终身化和国际化,使得教育更需要培育学生的人文精神。正如联合国教科文组织在《反思教育:向"全球共同利益"的理念转变?》报告中说的,要尊重生命和人类尊严、世界和平。这种人文主义精神光靠技术是无法培养的,技术可以提供重要的手段和支撑,但人需要人来培养。教师要努力学习,不仅掌握新的技术方法,而且要充分认识信息技术的特点、优势和消极的影响,在充分和正确运用信息技术的基础上,培养有理想信念、创新思维、勇于担当、有奉献精神的全面发展与个性发展相统一的人才。

第五,普通教育与职业教育的关系。现代社会的人才结构是多元的,专门职业多达数万种。1985年《中共中央关于教育体制改革的决定》中指出:要大规模地准备新的能够坚持社会主义方向的各级各类合格人才。要造就数以亿计的工业、农业、商业等各行各业有文化、懂技术、业务熟练的劳动者。要造就数以千万计的具有现代科学技术和经营管理知识,具有开拓能力的厂长、经理、工程师、农艺师、经济师、会计师、统计师和其他经济、技术工作人员。还要造就数以千万计的能够适应现代科学文化发展和新技术革命要求的教育工作者、科学工作者、医务工作者、理论工作者、文化工作者、新闻和编辑出版工作者、法律工作者、外事工作者、军事工作者和各方面党政工作者。教育要培养这些人才，就需要将普通教育与职业教育并举。2018年，我国高等教育毛入学率已达到 48.1%，但还有一半以上高中毕业生要进入劳动市场，因此，应该为他们提供有质量的职业教育。即使将来高等教育普及了，也还有学术性、职业性教育之分。我国受到旧的传统观念的影响，长期不重视职业教育，因而出现技工荒，值得反思。从学生个体来讲，由于天赋的差异、个人的特长和爱好不同，也需要接受不同类型的教育。当前，人们不重视职业教育，除了旧的传统观念的原因外，还因为职业教育的质量、学生毕业后的出路堪忧。因此需要大力提高职业教育的质量，并真正建立起职业教育和普通教育的立交桥。

第六，教育国际化与本土化的矛盾统一。现代教育是现代大工业生产的产物，是在国际化的推动下出现的，我国现代教育制度也是从西方引进的。在当今全球化的背景下，我国教育更需要加强国际化，扩大教育开放，加强国际交流与合作，引进优质教育资源，培养大批具有国际视野、通晓国际规则、能够参与国际事务和国际竞争的国际化人才。但是教育是文化的一部分，它必然会渗透着我国传统文化的精神。我国教育源远流长，有许多优秀的教育传统。吸收国际教育理念需要结合我国的国情，与我国优秀的教育传统相融合，使之本土化。一百多年来，我国教育在国际化、本土化融合的基础上已经形成了自己的传统。

教育中的其他许多问题，如教育与社会、家庭的关系，英才教育与大众教育的关系，教育与生产实践相结合的问题，书本学习与参加社会实践的关系等等，都需要以历史唯物主义和辩证唯物主义的方法来加以审视和解决。

马克思主义教育思想是教育科学的理论基础

马克思主义在研究社会发展规律的时候总要研究到人。无论是马克思主义哲学，还是马克思主义政治经济学、社会学，都提到了人的本质和人的教育问题。20世纪八九十年代对于这个问题的起源和内涵已有许多研究和争论。本文不准备重新讨论，只想论述马克思主义中的教育思想对中国教育科学理论发展的指导作用及其现实意义。

马克思主义教育思想中最主要的内核有三个方面：人的本质与教育本质问题、个人的全面发展、教育与生产劳动相结合。前两者是说明教育是什么、培养什么人，后者是讲培养人的途径。

1. 论人的本质

马克思、恩格斯在论述个人的全面发展时遵循了以下逻辑：首先什么是人的本质，人如何区别于动物。马克思主义认为，人区别于动物的主要标志是劳动，是有意识的、创造性的劳动。马克思在《资本论》中讲道："劳动首先是人与自然之间的过程，是人以自身的活动来中介、调整和控制人和自然之间的物质变换的过程。人自身作为一种自然力与自然物质相对立。……当他通过这种运动作用于他身外的自然并改变自然时，也就同时改变他自身的自然。"① 劳动改变了人自己，也就是我们常常讲到的，劳动创造了人。人在劳动过程中形成了社会，人不是个体孤立地存在的，而是存在于社会关系中。因此，人的本质除了会创造性地劳动外，还有其社会性。所以马克思讲："人们按照自己的物质生产率建立相应的社会关系，正是这些人又按照自己的社会关系创造了相应的原理、观念和范畴。"②

① 马克思，恩格斯. 马克思恩格斯选集：第二卷［M］. 3版. 北京：人民出版社，2012：169.
② 马克思，恩格斯. 马克思恩格斯选集：第一卷［M］. 3版. 北京：人民出版社，2012：222.

2. 论个人的全面发展

历史上许多思想家、教育家都曾追求过人的全面发展。但是由于历史的局限，都没有能阐明人的全面发展的本质内涵和发展的条件。只有马克思主义，运用历史唯物主义的方法，把人的全面发展和社会发展联系起来，将人的发展纳入社会历史发展、生产力和生产关系的变革中考察，开启了全新的关于人的发展的研究道路和视角，才科学地阐明了人的全面发展的本质及其发展的物质基础和条件。

马克思主义认为，个人的发展取决于生活方法、环境和社会分工。而社会分工是随着生产力的发展而产生的，社会第一次分工是脑力劳动和体力劳动的分工。"分工只是从物质劳动和精神劳动分离的时候起才真正成为分工。"① 这种分工的结果，出现了阶级社会和私有制。因此，马克思指出，分工是和私有制紧密联系着的。分工造成了个人的片面发展，一部分人只发展脑力，另一部分人只发展体力。随着社会分工越来越细，人的片面发展越来越严重，到工场手工业时代，个人的片面发展到了极点。但是，大工业机器生产却要求工人的全面发展。大工业机器生产是科学技术与生产结合的产物，是随着科学技术的发展而不断变革的。马克思在《资本论》中指出，现代工业从来不把某一生产过程的现存形式看成和当作最后的形式。因此，现代工业的技术基础是革命的，而所有以往的生产方式的技术基础本质上是保守的。生产的不断变革，改变了人们的社会生活，并使工人职能不断地变换。过去传统生产中，一个工人的职能一辈子没有变化，在大工业生产中就完全不同了，工人的职能随着生产工艺的不断变革而不断变换。所以马克思说："大工业的本性决定了劳动的变换、职能的更动和工人的全面流动性。"② 而劳动的变换成为大工业不能克服的自然规律。"大工业又通过它的灾难本身使下

① 马克思，恩格斯. 马克思恩格斯选集：第一卷 [M]. 3 版. 北京：人民出版社，2012：162.
② 马克思，恩格斯. 马克思恩格斯选集：第二卷 [M]. 3 版. 北京：人民出版社，2012：231.

面这一点成为生死攸关的问题：承认劳动的变换，从而承认工人尽可能更多方面的发展是社会生产的普遍规律。"马克思又说："大工业还使下面这一点成为生死攸关的问题：用适应于不断变动的劳动需求而可以随意支配的人员，来代替那些适应于资本的不断变动的剥削需要而处于后备状态的、可供支配的、大量的贫穷工人人口；用那种把不同社会职能当作互相交替的活动方式的全面发展的个人，来代替只是承担一种社会局部职能的局部个人。"①

那么，怎么来适应这种生产的变革带来的对个人全面发展的要求？唯一途径就是把生产劳动和教育结合起来。这是马克思主义对人的发展、对人类教育思想和理论的重大贡献。

3. 论教育与生产劳动相结合

大工业生产不仅要求工人全面发展，而且为个人的全面发展创造了条件。大工业生产"创立了工艺学这门完全现代的科学。……工艺学也揭示了为数不多的重大的基本运动形式，尽管所使用的工具多种多样，人体的一切生产活动必然在这些形式中进行"②。这就使人们掌握生产过程的基本原理成为可能。马克思预言，在工人阶级夺取政权以后，工艺教育将在工人学校中占据应有的位置，使工人在生产劳动和教育的结合中得到全面发展。

科学技术的发展促进了生产的革新和社会的变革。但大工业在它的资本主义形式上又再生产出旧的分工，生产的不断变革不断地把只有局部发展的工人抛向后备军。这是很大的矛盾。要解决这个矛盾，除了需要社会变革以外，就要求工人学习把生产劳动和教育结合起来。所以马克思讲，生产劳动同智育和体育的结合是造就全面发展的人的唯一方法。恩格斯在《共产主义原理》一文中指出："由整个社会共同经营生产和由此而引起的生产的新发展，也需要完全不同的人，并将创造出这种人来。……教育可使年轻人很快

---

① 马克思，恩格斯. 马克思恩格斯选集：第二卷 [M]. 3 版. 北京：人民出版社，2012：232.
② 同①230.

就能够熟悉整个生产系统，它可使他们根据社会的需要或他们自己的爱好，轮流从一个生产部门转到另一个生产部门。因此，教育就会使他们摆脱现代这种分工为每个人造成的片面性。"①

有一点特别需要指出的是，马克思主义关于个人全面发展的理论是在大工业生产发展的基础上提出来的。过去空想社会主义者也曾提过人的全面发展，但在资本主义尚不发达的情况下，他们只看到资本主义对儿童的残酷剥削，只是从人道主义出发提出劳动与教育的结合，既难以找到人未能得到全面发展的深层根源，也找不到解决这个问题的有效方法。马克思一方面批判继承了空想社会主义关于生产劳动同教育相结合的思想，另一方面又在新的历史条件下发展了这一思想。马克思主义认为，个人的全面发展是大工业生产的必然要求，是脑力和体力的充分的自由的发展和运用；个人的全面发展是通过生产劳动同教育的结合来实现的；个人的全面发展是历史的概念，必须在消灭私有制及其分工以后，才能真正实现这个理想。同时又辩证地指出，只有在个体得到全面发展的条件下私有制才会彻底消灭。② 可见，教育与生产劳动相结合，不只是为了克服资本主义分工的偏颇，而且也是由大工业生产的本性所决定的，是未来社会生产力不断发展的需要。

怎样实施教育与生产劳动相结合？马克思在《临时中央委员会就若干问题给代表的指示》中有较详细的说明。"我们把教育理解为以下三种东西：第一，智育。第二，体育，即体育学校和军事操练所传授的东西。第三，技术教育，这种教育要使儿童或少年了解一切生产过程的基本原理，同时使他们获得使用一切最简单的生产工具的技能。"③

对于马克思提出的"第一，智育"的理解，学术界有不同的解释。有学者提出，为什么马克思没有提到德育？我个人的理解是，在 19 世纪资产阶级

---

① 马克思，恩格斯．马克思恩格斯选集：第一卷 [M]．3 版．北京：人民出版社，2012：307-308.

② 苏联教育科学院．马克思恩格斯论教育：上卷 [M]．北京：人民教育出版社，1985：216-236.

③ 同②328-329.

残酷的统治下提倡青少年德育，无疑是培养资产阶级的意识形态。因为"统治阶级的思想在每一时代都是占统治地位的思想"①。正如《共产党宣言》中所说的："法律、道德、宗教，在他们看来全都是资产阶级的偏见，隐藏在这些偏见后面的全都是资产阶级利益。"② 另一种理解是译文有误差。王焕勋教授曾在《马克思教育思想研究》一书中指出，该文是马克思用英文写的，原文是"mental education"，该词的内涵意思既包括了智育，也包括了德育。③当然，也有学者不同意他的观点。

社会主义社会的生产也是以大工业生产为基础，同样需要个人的全面发展，需要把教育与生产劳动结合起来。马克思主义关于个人全面发展和教育与生产劳动相结合的思想奠定了我国全面发展教育方针的理论基础。

新中国成立以后，尤其是社会主义改造完成后进入社会主义建设时期，马克思主义教育思想在新中国得到进一步发展。1957 年，毛泽东在最高国务会议上提出："我们的教育方针，应该使受教育者在德育、智育、体育几方面都得到发展，成为有社会主义觉悟的有文化的劳动者。"1958 年中共中央和国务院发布的《关于教育工作的指示》明确宣布，在社会主义社会，"党的教育工作方针，是教育为无产阶级政治服务，教育与生产劳动相结合"。这把马克思主义关于个人的全面发展和教育与生产劳动相结合的思想具体落实到了我国的教育方针中。

马克思主义教育思想的本土化是教育科学的必由之路

马克思主义不是教条，它随着时代的发展不断发展。马克思生活在资本主义发展初期，科学技术还不够发达，虽然他已预见到个人的全面发展是大

---

① 马克思，恩格斯. 马克思恩格斯选集：第一卷 [M]. 3 版. 北京：人民出版社，2012：178.
② 同①411.
③ 王焕勋. 马克思教育思想研究 [M]. 重庆：重庆出版社，1988：14.

工业生产发展生死攸关的条件，但却没有，也不可能预见到科学技术如此迅猛发展，使知识不再是资本奴役的工具，而是成为现代生产的第一要素，因而也就没有预见到知识生产会冲破体脑的分离和旧式的分工。

邓小平继承和发展了马克思主义，提出科学技术是第一生产力。邓小平认为，实现社会主义现代化，关键是科技，基础是教育。他为北京景山学校题词："教育要面向现代化，面向世界，面向未来"，着眼点就是要发展科学技术，提高生产力。1972 年，联合国教科文组织编写出版的《学会生存——教育世界的今天和明天》一书的序言中就写道："到目前为止，还没有什么东西足以和我们现在所说的科学技术革命所产生的后果相比拟。……18 世纪的产业革命是用机器去代替和加强人类的机体功能。可与这种产业革命和最初的机器时代相比的是，科学与技术革命同时还进而征服了人类的精神世界。"① 随着科学技术的迅猛发展，使得生产过程发生了深刻的变化，虽然私有制并未消灭，但旧式的分工正在逐渐被打破，蓝领工人正在与白领工人相融合。18 世纪的产业革命是用机器代替和加强人类的机体功能，20 世纪中期以来的新科技革命是用智能机器代替和加强人类的脑的功能。20 世纪 90 年代以后，知识成为生产的第一要素，这就更加要求人的体力和脑力的全面发展。

今天我们所处的信息化、数字化、人工智能的新时代，与马克思、恩格斯所处的工业革命初期的时代有很大的不同。新的科技革命时代对人的发展提出了全新的要求，要求所有人都要学习，从而创新知识，创新技术，推动社会生产。新的科学技术革命不仅对教育提出了新的要求，同时也为建立新的教育体系创造了条件。马克思提出的教育与生产劳动相结合是培养个人全面发展的唯一途径这一观点并没有过时。新的时代要求把生产劳动和教育结合起来，人人学习，终身学习，促进体脑结合，在学习中创造新的知识、新的技术。

---

① 联合国教科文组织国际教育发展委员会. 学会生存：教育世界的今天和明天 [M]. 北京：教育科学出版社，1996：5.

20 世纪五六十年代，新的科学技术革命不仅使现代生产发生了重大变革，而且改变了教育和学习的全部意义，使人类进入了学习化社会。信息技术的发展及其在教育中的应用，特别是互联网的发展，使教育和学习冲破了学校教育的牢笼，教育随处都在，随时都是，终身教育成为个人全面发展的重要途径。"科学与技术的革命、人们可能获得的大量知识、庞大的通讯传播网的存在，以及其他各种经济的和社会的因素，已经大大地改变了传统的教育体系，表明了某些教学形式的弱点和其他一些教学形式的优点，扩大了自学的活动范围，并且提高了获取知识的积极性和自觉性。"[①]

在邓小平理论的指导下，通过解放思想、深化改革，40 年来，我国教育事业取得了举世瞩目的成绩，教育法制建设逐步完善，教育科研蓬勃开展，中国特色社会主义教育理论体系正在逐步建立起来。

习近平关于教育的重要论述是马克思主义教育思想的新发展

当今，中国社会主义建设进入了新时代。习近平新时代中国特色社会主义思想是马克思主义在中国的新发展。习近平关于教育的重要论述，继承和发展了马克思主义教育思想。党的十八大以来，习近平针对教育工作发表了一系列重要讲话，深刻地论述了新时代我国教育改革和发展的理论问题和实践问题，继承和发展了毛泽东教育思想和邓小平教育理论，形成了习近平的教育思想体系，是马克思主义教育思想的新发展。

在马克思主义教育思想的基础上，习近平站在人类社会发展的新高度、把握新形势，发展了马克思主义关于教育与人类社会未来发展的关系的思想。

---

① 联合国教科文组织国际教育发展委员会. 学会生存：教育世界的今天和明天 [M]. 北京：教育科学出版社，1996：14-15.

在当前信息化、数字化的新时代，习近平提出的"教育决定着人类的今天，也决定着人类的未来"的论断，具有重要的意义。教育是为当代社会，更是为未来社会培养人才的事业。年轻一代掌握未来社会的命运，决定着未来社会的发展。习近平在《致清华大学苏世民学者项目启动的贺信》中，深刻地论述了教育对人类社会发展的重要性。他写道："教育决定着人类的今天，也决定着人类的未来。人类社会需要通过教育不断培养社会需要的人才，需要通过教育来传授已知、更新旧知、开掘新知、探索未知，从而使人们能够更好认识世界和改造世界、更好创造人类的美好未来。"

马克思主义提出科学技术的进步、大工业生产要求个人全面发展。习近平发展了马克思主义教育思想，站在时代的高度，结合当前的国际形势和我国的实际，提出"当今世界的综合国力竞争，说到底是人才竞争，人才越来越成为推动经济社会发展的战略性资源，教育的基础性、先导性、全局性地位和作用更加突显"。因此，必须坚持把教育摆在优先发展的战略地位，普及教育、培养具有创新能力和国际视野的高品质人才。习近平总书记指出："教育是提高人民综合素质、促进人的全面发展的重要途径，是民族振兴、社会进步的重要基石，是对中华民族伟大复兴具有决定性意义的事业。"

习近平强调要培养全面发展与个性发展相结合的人才，要把立德树人作为教育的根本任务。党的十八大以后，习近平多次走进大中小学，在与师生座谈时深入阐述了立德树人的重要意义和实施途径。2016年教师节前夕，习近平回到母校北京市八一学校，在与师生座谈时强调，基础教育是立德树人的事业，要旗帜鲜明地加强思想政治教育、品德教育，加强社会主义核心价值观教育，引导学生自尊、自信、自立、自强。他勉励学生努力做一个心灵纯洁、人格健全、品德高尚的人，努力做一个有文化修养、有人文关怀、有责任担当的人。

习近平要求把社会主义核心价值观教育贯穿教育全过程，要全面加强学校的德育、智育、体育和美育工作，坚持文化知识学习与思想品德修养的统一、理论学习与社会实线的统一、全面发展与个性发展的统一。

习近平强调要加强中华优秀传统文化的教育，多次指出中华优秀传统文化是社会主义核心价值观的基础和源泉，要认真汲取中华优秀传统文化的思想精华和道德精华。习近平在庆祝澳门回归祖国 15 周年大会上的讲话中说："泱泱中华，历史悠久，文明博大。中华民族在几千年历史中创造和延续的中华优秀传统文化，是中华民族的根和魂。"要把我国历史文化和国情教育摆在青少年教育的突出位置，让青少年更多领略中华文明的博大精深，更多感悟近代以来中华民族救亡图存、发奋图强的光辉历程，更多认识新中国走过的不平凡道路和取得的巨大成就，引导青少年学生增强民族文化自信，坚持社会主义的道路自信。

在纪念马克思诞辰 200 周年和《资本论》发表 150 周年之际，我们要重温马克思主义，以马克思主义为指导，结合中国的教育实践，学习习近平新时代中国特色社会主义思想，深入研究中国教育发展中的重大理论问题和实践问题，进一步建设和完善中国特色社会主义教育思想和理论体系。

（原载《中国教育科学》，2018 年第 1 期，略有改动）

马克思主义教育思想在中国

——纪念马克思诞生 200 周年

2018 年是伟大的思想家、革命家马克思诞生 200 周年。马克思和他的战友恩格斯在参加革命实践中，总结欧洲工人运动的经验，批判地吸收德国的古典哲学、英国的古典政治经济学和法国的空想社会主义学说创立了马克思主义。毛泽东在《论人民民主专政》中说："十月革命一声炮响，给我们送来了马克思列宁主义。"中国共产党人接受了马克思主义以后，把它与中国革命的实际相结合，指导着我国新民主主义革命取得胜利，并且指导着我国社会主义现代化建设。

一

马克思主义在中国的传播，最早可以追溯到清末民初。根据史料记载，第一次提到马克思及其学说的，是 1899 年 2 月上海广学会主办的《万国公报》上发表的李提摩太节译、蔡尔康笔述的《大同学》，里面多次提到马克思、恩格斯的名字及其对资本的研究。中国人在自己的论著中最早介绍马克思及其学说的，要数梁启超。他在 1902 年 10 月 16 日的《新民丛报》第 18 号上发表了《进化论革命者颉德之学说》一文，对马克思做了简要介绍；

1904 年 2 月，他又在《新民丛报》上发表了《中国之社会主义》，对马克思的社会主义学说做了简要介绍。此后，介绍马克思主义的论著逐渐多起来，而真正把马克思主义作为革命的指导思想介绍到中国并迅速传播，则是在俄国十月革命以后。

中国新文化运动的先驱，五四运动的领导人李大钊、陈独秀以及他们主办的《新青年》杂志，在传播马克思主义方面做出了巨大贡献。1918 年 10 月，李大钊在《新青年》杂志上，发表了《庶民的胜利》和《布尔什维主义的胜利》等文章，欢呼十月革命的胜利；1919 年 5 月，《新青年》出版了"马克思研究"专号；1919 年 9 月至 11 月，李大钊又在《新青年》上连载《我的马克思主义观》，对马克思主义做了系统的介绍；陈独秀也于 1920 年 9 月在《新青年》上发表《谈政治》一文，表明对马克思主义的态度，阐述无产阶级专政的理论；1922 年他又在《新青年》上发表《马克思学说》一文，宣传马克思主义。从五四到中国共产党成立前夕，在《新青年》上发表的介绍十月革命和宣传马克思主义的文章就有 130 篇之多。①

随着马克思主义传入中国，马克思主义教育思想在中国也开始传播起来。最早是通过介绍苏俄的教育传过来的。1921 年，《新青年》的"俄罗斯研究"专栏里，刊登了《苏维埃的平民教育》《苏维埃的教育》《俄罗斯的教育状况》《革命的俄罗斯底学校和学生》《俄国底社会教育》等文章，介绍十月革命后俄罗斯的教育改革。

马克思主义教育思想要解决的一个根本问题，就是教育的性质问题。在马克思主义教育理论传入中国之前，人们都不能正确认识教育的本质和作用。中国最早的马克思主义者李大钊、陈独秀第一次正确地揭示教育与政治、经济的关系，正确地阐述了教育的性质。他们运用历史唯物主义的观点，从经

---

① 王炳照，阎国华. 中国教育思想通史：第六卷 [M]. 长沙：湖南教育出版社，1994：365-366.

济基础和上层建筑的关系上阐明教育的本质，指出教育不能脱离政治、经济的发展，教育具有历史性和阶级性的特点。李大钊在《再论问题与主义》一文中指出："依据马克思的唯物史观，社会上法律、政治、伦理等精神的构造，都是表面的构造。他的下面，有经济的构造作他们一切的基础。经济组织一有变动，他们都跟着变动。"① 陈独秀1921年与无政府主义者区声白展开了一场关于教育作用的论战。在论战中陈独秀指出："在私产制度之下的教育，无论依靠政府或不依靠政府，全体至少也是百分之九十九有意或无意维持资产阶级底势力及习惯，想在这种社会制度之下，实施善良教育而且是普遍的，我想无人能够相信。"②

马克思主义教育理论认为，教育受一定社会的政治经济所制约，同时又反过来作用于一定社会的政治和经济。李大钊从这个基本原理出发，指出："我们主张以人道主义改造人类精神，同时以社会主义改造经济组织。不改造经济组织，单求改造人类精神，必致没有效果。不改造人类精神，单求改造经济组织，也怕不能成功。我们主张物心两面的改造，灵肉一致的改造。"③ 五四以后，他更重视教育，以唤起民众、组织民众，达到推翻反动政府，建立人民政权的目的。

李大钊、陈独秀都重视教育在人的身心发展中的作用。1915年，陈独秀在《今日之教育方针》一文中说："教育之道无他，乃以发展人间身心之所长而去其短，长与短即适与不适也。"④

二

中国最早的马克思主义教育理论家是杨贤江、钱亦石等人。杨贤江最主

---

① 李大钊. 李大钊文集（下）[M]. 北京：人民出版社，1984：37.
② 陈独秀. 陈独秀文章选编（中）[M]. 北京：生活·读书·新知三联书店，1984：145.
③ 同①68.
④ 陈独秀，等. 新青年 [M]. 郑州：中州古籍出版社，1999：58.

要的教育论著是出版于 1929 年 5 月的《教育史 ABC》和 1930 年的《新教育大纲》。这些是我国最早的马克思主义教育著作。《教育史 ABC》用通俗语言介绍了先史氏族时代的教育、古代奴隶社会东西方的教育、中世纪封建时代的教育和近代资本主义时代的教育，认为不同社会形态的生产方式和统治阶级的利益决定了不同的教育。这是我国第一部运用马克思主义唯物史观阐述教育发展历史的著作。

早期马克思主义教育思想在中国的传播，对教育理论中的几个主要问题做了较为深入的探讨，为中国革命进程中如何对待教育问题指明了方向。

第一，对教育本质问题的认识。教育的本质是什么？教育有什么功能和作用？在马克思主义进入中国以前有形形色色的理论，都没有能说明教育的本质属性，总是企图把教育游离于政治以外，或者夸大教育的作用，认为是解决中国贫穷落后的灵丹妙药。马克思主义进入中国之后，李大钊、陈独秀、杨贤江等才从历史唯物主义的观点来分析教育的本质，说明教育无非是经济结构基础上的观念形态，教育是随着社会的变迁而变迁的，教育具有历史性、阶级性。正如杨贤江所指出的："阶级的和对立的教育，是人类有文明期历史以来的教育的特质；这在教育的本质上言，却是变质。"[1] 他认为要实现教育的本质、教育的统一，就要消灭阶级、消灭阶级社会。他们正确地评价教育的功能和作用，认为教育受制于经济发展，同时也影响着经济发展。钱亦石在他的《现代教育原理》一书中也强调指出，教育原理是意识形态之一，它与政治、法律、哲学、宗教等其他各种意识形态一样，由社会存在所决定，随社会经济结构的变动而变动。又说，就教育本质而言，教育"是帮助人类经营社会生活的一种工具"[2]。总之，马克思主义教育理论在中国的传播，澄清了人们对教育本质的认识，教育不能离开政治经济而独立存在，教育是社

---

[1] 中央教育科学研究所，厦门大学. 杨贤江教育文集 ［M］. 北京：教育科学出版社，1982：419.

[2] 钱亦石. 现代教育原理 ［M］. 福州：福建教育出版社，2006：16.

会发展的工具；同时也批判了教育的独立说和万能说。他们在强调教育是上层建筑的同时，并没有否定教育对人的成长的作用。正如李大钊所说的："我们主张物心两面的改造，灵肉一致的改造。"

第二，教育要为改造社会服务。早期新文化运动的主将曾经猛烈地批判封建文化。他们还研究中国的国民性，批判国民性中的劣根性。但那时他们还只是进化论者，思维方式是形而上学的，还不能正确理解国民性产生的根源，以及改造国民性的出路。五四运动以后，他们接受了马克思主义的历史唯物论，才认识到，国民性的改造问题实质上是思想革命问题；造成中国国民性落后的根本原因是几千年封建专制统治；要改造国民性，先要改造社会。教育要为改造社会服务。杨贤江于1923年在《教育杂志》上发表文章指出："向来以清高自鸣的中国教育者，往往抱有不问政治的见解。其实这是大错而特错的。"还说："老实说，不管教育最后的目的怎样，但就目前讲，只有革命的教育，才是中国需要的教育；只有革命的教育者，才是中国需要的教育者。做教育者的人不但应当指导学生去革命，还应当指导群众去革命。"① 钱亦石也指出："我们在未摆脱半殖民地的命运以前，应该集中力量与帝国主义争斗，与封建势力争斗。反帝国主义，反封建势力，就是新教育原理的两大'基石'。"②"中国现阶段的教育目的是：养成为民族独立与民主政治而奋斗的公民。"③ 马克思主义教育理论认为，教育不能脱离现实生活、现实社会空谈人的发展，必须在改造现实社会的同时，求得人的发展。这一马克思主义教育思想至今仍然闪耀着它的光辉。

第三，教育要为工农大众及其子女打开大门，教育要与生产劳动相结合。杨贤江一方面批评阶级社会的教育，是教育权随着所有权走，工农及其子女

---

① 中央教育科学研究所，厦门大学. 杨贤江教育文集 ［M］. 北京：教育科学出版社，1982：79-80.

② 钱亦石. 现代教育原理 ［M］. 福州：福建教育出版社，2006：11.

③ 同②20.

没有受教育的权利；另一方面介绍《共产党宣言》和马克思在《哥达纲领批判》中的教育理论，指出马克思主义教育思想，"实不外是'教育与劳动的结合'、'对一切儿童施行公共的和免费的教育'、'与国民小学一起还有技术专科学校（理论的和实习的）'等根本问题"①。

从以上各点可以看出，马克思主义教育思想与西方资产阶级的教育理论不同。当年传入中国的赫尔巴特的教育理论也好，杜威的教育理论也好，都是解决教育中的微观问题，即如何进行教育教学的问题，而马克思主义的教育思想主要是要解决宏观的教育问题，即教育是什么、为什么的问题。只有先解决好宏观的教育观念问题，才能有效地进行教育，培养人才。②

三

马克思主义教育思想传入中国以后，随着中国革命的深入，首先在革命根据地得以实践。1934 年 1 月，毛泽东在第二次全国苏维埃代表大会上所做的报告中提出，苏维埃文化教育的总方针"在于用共产主义的精神来教育广大劳苦民众，在于使文化教育为革命战争与阶级斗争服务，在于使教育与劳动联系起来，在于使广大中国民众成为享受文明幸福的人"③。马克思主义教育思想与中国革命实际相结合，形成了新民主主义教育。1940 年 3 月，中共中央书记处明确提出："应该确立国民教育的基本内容为新民主主义的教育，这即是以马列主义的理论与方法为出发点的关于民族民主革命的教育与科学的教育。"④

新中国成立以后，马克思主义教育思想在新中国得到进一步实现。1957年毛泽东在最高国务会议上提出："我们的教育方针，应该使受教育者在德

---

① 中央教育科学研究所，厦门大学. 杨贤江教育文集 [M]. 北京：教育科学出版社，1982：532.
② 顾明远. 中国教育的文化基础 [M]. 太原：山西教育出版社，2004.
③ 毛泽东同志论教育工作 [M]. 北京：人民教育出版社，1958：15.
④ 中央教育科学研究所. 关于开展抗日民主地区国民教育的指示 [M] //老解放区教育资料（二）：抗日战争时期：上册，北京：教育科学出版社，1986：82.

育、智育、体育几方面都得到发展，成为有社会主义觉悟的有文化的劳动者。"① 1958 年 9 月 19 日，中共中央、国务院发布了《关于教育工作的指示》，指出：党的教育工作方针，是教育为无产阶级的政治服务，教育与生产劳动结合；为了实现这个方针，教育工作必须由党来领导。毛泽东的社会主义教育方针和中央的指示，把马克思主义关于人的全面发展及教育与生产劳动相结合的理论具体落实到国家的教育工作和人的培养目标中，使马克思主义教育思想在全国范围内得以普及。

马克思在论述人的全面发展时总是与大工业生产联系起来，他说："现代工业从来不把某一生产过程的现存形式看成和当作最后的形式。因此，现代工业的技术基础是革命的，而所有以往的生产方式的技术基础本质上是保守的。"因此，"大工业的本性决定了劳动的变换、职能的更动和工人的全面流动性"②。他认为，个人的全面发展是大工业生产生死攸关的问题，只有把生产劳动与教育相结合，才能适应大工业生产不断的革命性变革。20 世纪科学技术的发展所引起的社会变革，证实了马克思论断的正确性。

邓小平继承和发展了马克思的教育思想。他在改革开放以后提出，科技是第一生产力，并说："我们要实现现代化，关键是科学技术要能上去。发展科学技术，不抓教育不行。"③ 他还在第一次教育工作会议上充分论述了教育与生产劳动相结合的思想。他说："马克思、恩格斯、列宁和毛泽东同志都非常重视教育与生产劳动相结合，认为在资本主义社会里这是改造社会的最强有力的手段之一；在无产阶级取得政权之后，这是培养理论与实际结合、学用一致、全面发展的新人的根本途径，是逐步消灭脑力劳动与体力劳动差别的重要措施。"④ 他接着于 1983 年为北京景山学校题词："教育要面向现代

---

① 毛泽东选集：第五卷 [M]. 北京：人民出版社，1977：385.
② 马克思. 资本论：第一卷 [M]. 北京：人民出版社，1975：533-534.
③ 中共中央文献研究室. 邓小平论教育 [M]. 2 版. 北京：人民教育出版社，1995：26.
④ 同③70.

化，面向世界，面向未来。"这是邓小平对马克思主义教育思想的重大发展。改革开放 40 年来，中国教育在邓小平教育理论指导下，取得巨大的发展，为我国社会主义现代化建设培养了数以千万计的人才。

<h2 style="text-align:center">四</h2>

改革开放 40 年来，中国经济社会发展取得了巨大成就，中国社会主义建设进入了一个新时代。习近平新时代中国特色社会主义思想是马克思主义在中国的新发展。习近平关于教育的重要论述继承和发展了马克思关于教育的思想。党的十八大以来，习近平对教育工作发表了一系列重要讲话，深刻地论述了新时代我国教育改革和发展中的理论问题和实践问题，继承和发展了毛泽东教育思想和邓小平教育理论，为形成中国特色社会主义教育理论体系指明了方向。

习近平教育论述的核心是以人民为中心，让所有儿童都享受公平而有质量的教育；把立德树人作为教育的根本任务，培养全面发展与个性发展相结合的人才。习近平提出，在当今国际竞争日益激烈、科学技术日新月异的时代，必须坚持把教育摆在优先发展的战略地位，普及教育、培养具有创新能力和国际视野的高素质人才。

今天我们纪念马克思诞生 200 周年，要不忘初心，努力学习马克思主义，以习近平新时代中国特色社会主义思想为指导，深化教育改革，培养全面发展的人才，为实现"两个一百年"的奋斗目标和中华民族伟大复兴的中国梦做出应有的贡献。

（原载《北京师范大学学报（社会科学版）》，2018 年第 3 期，略有改动）

新时代教育发展的指导思想

——学习习近平总书记在全国教育大会上的讲话

2018 年教师节当天，全国教育大会在北京召开。这是中国特色社会主义进入新时代以来的第一次教育大会。习近平总书记在会上发表了重要讲话，意义重大，开启了习近平新时代中国特色社会主义思想在教育领域的新思想、新作为、新篇章，对加快教育现代化、建设教育强国、办好人民满意的教育做出了全面部署，指导着新时代我国的教育改革与发展。

全国教育大会的新特点

第一，这次大会是在教师节当天召开的。习近平总书记在讲话开始就讲到教师的重要性，向全国教师致以节日的祝贺和问候，号召全党全社会尊重教师，并表示要努力提高教师的政治地位、社会地位、职业地位，让广大教师享有应有的社会声望。这充分体现了党中央、总书记对教育的重视，对教师的尊重和爱护。

第二，这次大会规模小、规格高，不同于以往的教育工作会议。这表明教育事业不只是教育工作者的内部事务，而是全社会的事情，全社会都要关心重视，特别是各级党政领导，都要把发展教育列入议事日程。习近平总书记的重要讲话对动员全党全社会加快推进教育现代化、建设教育强国具有重大的意义，指出了我国教育发展的道路。

第三，十八大以来，习近平总书记多次走进学校，与师生座谈，在各种会议上对教育发表了多次重要讲话。习近平总书记的这次讲话充分结合新时代的新特点、新形势，全面论述了教育的性质、教育的功能、教育的方针和实施策略，对构建中国特色社会主义教育理论体系具有重要的理论意义。

习近平总书记对我国教育的全面论述

1. 党之大计，国之大计

习近平总书记在讲话中首先强调了教育对新时代坚持和发展中国特色社会主义的战略意义。他指出，教育是民族振兴、社会进步的重要基石，是功在当代、利在千秋的德政工程，对提高人民综合素质、促进人的全面发展、增强中华民族创新创造能力、实现中华民族的伟大复兴具有决定性意义，是国之大计、党之大计。这是第一次把教育提到如此高度，突出了党和国家对教育的重视。

习近平总书记强调，要把教育放在优先发展的地位，加快教育现代化，建设教育强国，办人民满意的教育。党的十八大以来，以习近平同志为核心的党中央坚持"教育第一"，不断加大投入的力量。这次讲话再一次强调坚持把优先发展教育事业作为推动党和国家各项事业发展的重要先手棋，不断使教育同党和国家事业发展要求相适应、同人民群众期待相契合、同我国综合国力和国际地位相匹配。

2018年是改革开放40周年。40年来，我国教育取得了举世瞩目的成绩，特别是十八大以来，教育投入的力度逐年增加。据教育部、国家统计局、财政部发布的2017年全国教育经费执行情况统计公告：2017年全国教育经费总投入为 42562.01 亿元，比上年的 38888.39 亿元增长 9.45%。国家财政性教育经费为 34207.75 亿元，比上年的 31396.25 亿元增长 8.95%，占国内生产总值（GDP）的 4.14%。这是国家财政性教育经费占 GDP 比例自 2012 年首次超过 4% 以来连续六年保持在 4% 以上。此外，国家还实行了西部行动计划、乡村教育计划等，向西部边远地区倾斜，使得西部地区的办学条件已有所改善。

2. 教育改革的新理念新思想新观念

习近平总书记继承了毛泽东、邓小平教育思想，总结了我国教育改革的新经验，提出了我国教育改革发展一系列新理念新思想新观念，可以概括为"九个坚持"，即坚持党对教育事业的全面领导，坚持把立德树人作为根本任务，坚持优先发展教育事业，坚持社会主义办学方向，坚持扎根中国大地办教育，坚持以人民为中心发展教育，坚持深化教育改革创新，坚持把服务中华民族伟大复兴作为教育的重要使命，坚持把教师队伍建设作为基础工作。

这九个坚持全面充分地阐明了我国教育的性质、办学的方向、发展的道路，以及人才培养、教育发展的历史使命等。这是总结了新中国成立以来，改革开放 40 年来，特别是党的十八大以来教育改革实践经验的基础上提出来的，开启了新时代教育发展的新征程，为今后我国教育的发展指明了方向。

3. 培养什么人是教育的根本

习近平总书记指出，培养什么人、怎样培养人、为谁培养人，是教育的根本问题。要全面加强党对教育工作的领导，坚持党的教育方针，坚持立德树人，加强思想政治工作。他指出，我国是中国共产党领导的社会主义国家，这就决定了我们的教育必须把培养社会主义建设者和接班人作为根本任务，要培养一代又一代拥护中国共产党领导和社会主义制度、立志为中国特色社会主义奋斗终身的有用人才。这次受到中央表扬的"全国优秀共产党员"黄群、宋月才、姜开斌、王继才就是大家的榜样。他们把党和国家的事业放在第一位，不惜牺牲，捍卫党和国家利益。

习近平总书记提出，社会主义教育要培养德智体美劳全面发展的社会主义建设者和接班人，他同时全面阐述了德智体美劳全面发展教育方针的内涵和要求，对教育方针有了新的提法，增加了劳动教育这一项。1957年，毛泽东主席提出的教育方针是"使受教育者在德育、智育、体育几方面都得到发展，成为有社会主义觉悟的有文化的劳动者"。1999年，中共中央国务院《关于深化教育改革全面推进素质教育的决定》中的提法是培养"德智体美等全面发展的社会主义事业建设者和接班人"。这次习近平总书记把劳动教育加进去，提出要培养德智体美劳全面发展的社会主义建设者和接班人。

增加劳动教育之后，全面发展的教育方针更加完整。虽然我们的教育方针历来坚持"教育与生产劳动相结合"，但近些年来，劳动教育未得到重视，使得我们的孩子不仅不会劳动，而且不懂得尊重劳动，不懂得尊重劳动人民。

培养社会主义建设者和接班人，第一是要坚持正确的政治方向，加强理想教育。习近平总书记强调，"要在坚定理想信念上下功夫，教育引导学生树立共产主义远大理想和中国特色社会主义共同理想，增强学生的中国特色社会主义道路自信、理论自信、制度自信、文化自信，立志肩负起民族复兴的时代重任"。

这就要求我们要弘扬爱国主义和奉献祖国的精神。爱国主义是中华民族传统美德，历来被认为是衡量、评价一个人一生品格的最主要的标准。几千年来，爱国主义激励中国人民不畏强暴，团结一心，前仆后继，抵抗列强的侵略和压迫，取得了一个又一个的胜利。正是这种爱国主义精神，激励人民，为了祖国的繁荣富强，投入到轰轰烈烈的社会主义建设中来。爱国主义永远是中华民族前进的动力。

第二是要加强学生的品德教育，引导学生培育和践行社会主义核心价值观，踏踏实实修好品德，成为有大爱大德大情怀的人。德育为先是我国优秀教育传统。中华民族在漫长的历史发展过程中，构建了一套成熟的道德价值体系，形成了丰富的个人伦理、家庭伦理、国家伦理和宇宙伦理。这在其他国家是不多见的。

司马光在《资治通鉴》中就说："才者，德之资也；德者，才之帅也"，"德胜才谓之'君子'；才胜德谓之'小人'"。又说："君子挟才以为善，小人挟才以为恶。挟才以为善者，善无不至矣；挟才以为恶者，恶亦无不至矣。"这是说有才无德的人做起坏事来更可怕。因此要加强道德品质教育。《大学》中所说的"修身、齐家、治国、平天下"，就是社会主义核心价值观的优秀传统文化基础。把个人利益和国家利益统一起来，具有仁爱之心，这是社会和谐的基础。

第三，习近平总书记要求学生在增长知识见识上下功夫，教育引导学生珍惜学习时光，心无旁骛，增长见识，沿着求真理、悟道理、明事理的方向前进。习近平总书记特别强调增长见识。见识不同于知识，见识是指有开阔的视野、高远的志向，刚健有为，自强不息。因此，教育要引导学生把读书和社会实践相结合，把理论与实际相结合，立足中国，放眼世界，培养综合素质、创新思维和实践能力。

第四，习近平总书记非常关心学生的健康，提出要树立"健康第一"的教育理念，要求开齐开足体育课，让学生享受体育锻炼的乐趣，增强体质、健全人格、锤炼意志。健康是学习、工作和生活的基础，有了健康的体魄，才能更好地学习和工作，享受幸福的生活。党和国家历来都重视青少年的健康。毛泽东主席在新中国成立之初就致信教育部部长马叙伦，要求坚持"健康第一"。现在我们的孩子肥胖率、近视眼增多，许多疾病有年轻化趋势，令人担忧。为此，习近平总书记批示，要采取措施，控制青少年近视眼的发展。解决问题的关键在于克服"应试教育"的弊端，减轻学生的课业负担，增加体育锻炼。

第五，习近平总书记提出，要加强学校美育，以美育人、以文化人，提高学生审美和人文素养。美育可以陶冶性情、提高素养，起到涵养情操的作用。2018年8月，习近平总书记给中央美术学院8位老教授回信，赞扬他们在美育工作、美术事业发展上的成就和贡献。习近平总书记指出："做好美育工作，要坚持立德树人，扎根时代生活，遵循美育特点，弘扬中华美育精神，让祖国青年一代身心都健康成长。"

第六，习近平总书记这次特别提到劳动教育，要求在学生中弘扬劳动精神，引导学生崇尚劳动、尊重劳动，长大后能够辛勤劳动、诚实劳动、创造性劳动。现在我们的孩子连自己的生活都不会自理，长大后怎么能创造性劳动？劳动是人类生存发展的动力，劳动创造财富，劳动创造新的思维，从而促进人类的进步和发展。

劳动对个人发展来说也很重要。首先，劳动能改善机体各种生理素质，使儿童的机体充满活力。其次，劳动可以培养儿童的意志、自信心、责任心等思想品德。再次，认识劳动是创造财富的源泉，从而培养起尊重劳动、热爱劳动、尊重劳动人民的思想感情。最后，劳动是创造的基础。孩子在劳动中既动手，又动脑，这种创造性活动，可以培育创造能力。

2015年5月我访问芬兰时发现，那里培养教师的大学教育学院都十分重视劳动技术教育。坦佩雷大学的教授陪我参观他的教育技术实验室，我以为一定有先进的信息技术设备，结果却看到他们建立的金工车间、木工车间、缝纫设计室、编织等手工实验室。他们认为，少年儿童在这种手工劳动中能够培养创新能力和克服困难的意志。

习近平总书记关于培养什么人、怎样培养人、为谁培养人的论述全面而又具体，具有很强的针对性和可操作性，为新时代的教育方针充实了许多新内容。教育工作者要认真学习、深刻领会，在教育教学工作中认真贯彻落实。

4. 加强教师队伍建设

习近平总书记十分重视教师队伍建设。他强调，建设社会主义现代化强国，对教师队伍建设提出新的更高要求，也对全党全社会尊师重教提出新的更高要求。他在讲话的开头就说："教师是人类灵魂的工程师，是人类文明的传承者，承载着传播知识、传播思想、传播真理，塑造灵魂、塑造生命、塑造新人的时代重任。"

习近平总书记要求教师认识到，教师职业无上光荣，每个教师都要珍惜这份光荣，爱惜这份职业，严格要求自己，不断完善自己。做教师要执着于教书育人，有热爱教育的定力、淡泊名利的坚守。

当教师就要对教师的职业有所认识并热爱这份职业。教师的职业不同于一般的职业。教师面对的是一群生动活泼，正在成长中的少年儿童，而他们的健康成长关系到民族的未来、家庭的幸福、个人的发展，因此，教师的责任重大，也无上光荣。伟大的教育家夸美纽斯就说："教师是太阳底下最光辉的职业。"因此，我国师范院校培养师范生，也要从让他们认识教师职业的重要性、职业的特殊性开始，加强专业思想教育。

当前我国教师的待遇还不高，教师职业还缺乏吸引力。习近平总书记也提到，随着办学条件不断改善，教育投入要更多向教师倾斜，不断提高教师待遇，让广大教师安心从教、热心从教。

每个教师都要珍惜这份光荣，不断学习、努力钻研、提高修养，成为新时代一名高水平、专业化、创新型的教师。

5. 深化教育体制改革

改革创新是教育发展的动力。习近平总书记深刻指出，全面深化改革是党和国家事业发展全局性的重大战略部署。他强调要深化教育体制改革，健全立德树人落实机制。他特别提到要扭转不科学的教育评价导向，坚决克服唯分数、唯升学、唯文凭、唯论文、唯帽子的痼疾，从根本上解决教育评价指挥棒的问题。这就点出了当前教育弊端的根源，指明了解决困境的方向。全社会都要转变观念，树立正确的教育观、人才观、学生观、质量观，改革考试评价制度，促进学生的全面发展。

习近平总书记提出，要深化办学体制和教育管理改革，充分激发教育事业发展生机活力。要提升教育服务经济社会发展能力，调整优化高校区域布局、学科结构、专业设置，建立健全学科专业动态调整机制，加快一流大学和一流学科建设，推进产学研协同创新，积极投身实施创新驱动发展战略，着重培养创新型、复合型、应用型人才，并扩大教育开放。

高等学校要加快一流大学和一流学科建设，关键要选好发展的重点，扬长避短，办出特色。有特色才有一流。要建设一支教师队伍，由学科带头人引领团队，始终站在学科发展的前沿，合作攻坚，不断创新。要能够培养出高质量、有创新精神和奉献精神的人才。

6. 办好教育是全社会的责任

习近平总书记指出，办好教育事业，家庭、学校、政府、社会都有责任。习近平总书记特别强调家庭教育的重要，指出家庭是人生第一所学校，家长是孩子的第一任老师，要给孩子讲好"人生第一课"，帮助他们扣好人生第一粒扣子。

家庭教育是基础教育的基础。父母不仅是第一任教师，而且一直陪伴孩子到上大学。许多习惯、信念可以说多半是在家庭中养成的。

现在家庭教育有许多误区，例如不能输在起跑线上，学习知识越早越好、越多越好，重知识教育而忽视人格培养等。家长要学习和了解孩子成长的规律，转变教育观念，改进教育方法。

习近平总书记强调，全社会都要担负起青少年成长成才的责任。各级党委和政府要为学校办学安全托底，解决学校后顾之忧，维护老师和学校应有的尊严，保护学生生命安全。这个问题很有针对性。当前，学校责任无限，许多家长把不该由学校负责的事情都推给了学校。所以习近平总书记提出各级党委和政府要为学校办学安全托底，解决学校后顾之忧。

习近平总书记讲的都是现在学校、老师最关心的问题。全社会都来关心、重视教育，我国的教育就大有希望。

习近平总书记在全国教育大会上的讲话，堪称一部教育学巨著，从教育的本质到培养人才的途径，全面而深刻，具有时代性、前瞻性、全局性、战略性，是新时代教育改革和发展的指导思想。我们需要认真思考、长期学习、深刻领会，认真贯彻落实。

（原载《北京师范大学学报（社会科学版）》，2019 年第 1 期，略有改动）

再论教育本质和教育价值观

——纪念改革开放 40 周年

中国教育研究是在改革开放以后才遇到了科学的春天，此后教育科学像雨后春笋般蓬勃地发展起来。我在纪念改革开放 30 周年时曾说过，中国教育科学由一枝独秀发展到百花齐放。新中国成立之初，我国教育学以苏联教育学为样板，教条主义地照搬苏联教育理论体系。虽然 1958 年中国教育学术界就开始试图寻找自己的发展道路，但是几经努力并未摆脱原有的框架体系，特别是对教育本质等重大理论问题缺乏全面的认识和讨论，体系上仍是一本教育学一统天下。"文化大革命"结束以后，在"实践是检验真理的唯一标准"的思想路线指导下，思想得以大解放，教育科学研究才得以蓬勃地发展起来。改革开放以后，在邓小平理论的指导下，解放思想，放眼世界，引进了各国教育改革的理论和实践经验，使我国教育理论界活跃起来。40 年来，中国教育学科已经由一本教育学发展出一群分支学科、交叉学科、新兴学科。同时，教育研究开始走出高等学校的书斋，走向基层，走向群众，广大中小学教师也积极参与到教育研究和教育改革实验之中。各种教育研究成果层出不穷，百花齐放，群芳争艳。教育类书刊也是各类书刊中最丰富最繁多的一种。

但是，我们不能不看到，在繁多的教育研究中，教育基本理论的研究却进展得较为缓慢，还有许多理论问题需要教育理论工作者做深入的研究。基础理论是实践的基础，只有把重大的教育基础理论问题研究清楚，教育实践才能在正确的轨道上运行。

教育本质的问题

改革开放之初，教育界的思想解放是从教育本质的讨论开始的。1978年，时任中国社会科学院副院长于光远在一次教育座谈会上提出，教育这种现象中，虽含有上层建筑的东西，但不能说教育就是上层建筑。后来他将此想法形成文章《重视培养人的研究》，发表于《学术研究》1978年第3期。"教育本质"的讨论由此就在全国教育界迅速展开。当时，讨论以《教育研究》为主论坛，全国各类报刊自1978年至1996年发表讨论文章约300篇之多，但思想极不一致，讨论的内容主要围绕着教育的属性，就教育是"上层建筑"还是"生产力"，以及派生出来的其他属性展开，并未真正触及教育的本质。最后大家只是统一到"教育是传递社会生活经验并培养人的社会活动"这样笼统的概念上来。但是这种认识比较模糊、抽象，并没有解决传递什么生活经验、培养什么人、怎么培养人的根本问题。

教育的本质是什么，争论了几十年，至今大家仍然在喊"教育要回到原点"。为什么？原点在哪里？一方面是对于教育本质的认识在理论上没有讨论透彻；另一方面是在教育实践中受到各种价值观的干扰，不能按照教育规律进行。因此，今天对教育本质仍有深入讨论的必要。

长期以来，人们以工具理性来认识教育，重视教育的功能性，忽视教育的本体性。近些年来，学术界开始重视教育本体性的研究，因此提出生本教育、生命教育、和谐教育等理念，提出教育要尊重生命、发展生命、促进学生和谐发展。联合国教科文组织2015年的报告《反思教育：向"全球共同利益"的理念转变?》（以下简称《反思教育》）也提出，教育应该以人文主义为基础，以尊重生命和人类尊严、权利平等、社会正义、文化多样性、国际团结和为可持续的未来承担共同责任。① 任何生物，一要生存，二要发展，三要繁衍。毫无疑问，教育是人生存和发展的基础，教育要使人的生命得以发展。但人类是结成社会的，个体不可能单独生存。自从猿猴转变为人类以后，人们就结成了族群。族群为了生存，就要利用自然、改变自然，还要与其他族群争夺资源。人类发展到阶级社会，每个人都处在一定的阶级中，必然就要为本阶级的利益服务。人总是社会的人，正如马克思所说的："人的本质并不是单个人所固有的抽象物。在其现实性上，它是一切社会关系的总和。"② 因此，教育也不是抽象地传递生活经验，培养抽象的人，而是结合具体的个人在社会中所处的地位进行的。所以，教育在不同的社会就有不同的性质，在阶级社会中就具有阶级性。

在工人阶级掌握政权以后，在消灭阶级的过程中，就要为全体公民提供普遍的教育。这就为每个个体的生命发展提供了条件。教育的本体性就凸显了出来。但是，教育的本体性和功能性是不可分的。教育是个体生存发展的基础，但教育要培养下一代适应他们所处的社会环境，因而教育也就被赋予了社会的功能。当然，教育促进个体的发展是基础，没有个体的发展，也谈不上教育社会功能的实现。

我认为，如果从生命发展的视角来说，教育的本质可以概括为：提高生命的质量和提升生命的价值。教育对个体来说，提高生命的质量，就是使个体通过教育，提高生存能力，从而生活得有尊严和幸福；提升生命价值，就是使个体通过教育，提高思想品德和才能，从而能够为社会、为他人做出有价值的贡献。人都要实现人生价值。人生价值就是要对社会、对人类、对自

---

① 联合国教科文组织. 反思教育：向"全球共同利益"的理念转变？［M］. 北京：教育科学出版社，2017：1.

② 马克思，恩格斯. 马克思恩格斯选集：第一卷［M］. 北京：人民出版社，1972：18.

然做出一点贡献。人的价值总是体现在与他人、他事的关系中。在人类社会中孤立的自我价值是不存在的。这就又回到功能性问题了。所以教育的本体性与功能性是无法分开的。

教育的价值观问题

教育的价值观问题是一个十分复杂的问题。黄济教授在其所著的《教育哲学通论》中详细分析了中外哲学家对价值和教育价值论的观点，从马克思主义关于"价值是从人们对待满足他的需要的外界物的关系中产生的"① 这一命题出发，提出教育价值"就其最基本方面而言，不外乎从社会需要来论述教育价值或从人的发展来论述教育价值，或者二者兼而有之"②。其实，我们上面谈到的教育工具性，也就是教育价值论的具体表现。

但是，不同社会、不同群体都有不同的教育价值观，如何平衡而统一到教育本体性来，却是一个十分复杂的问题。2017 年 4 月 10 日，石中英教授在北京明远教育书院第二次学术沙龙上谈到中国当前教育改革的价值取向时，分析了改革开放以来我国教育改革的历程，认为我国教育改革在改革目标上体现了国家主义价值偏好，在改革动力上体现了经济主义的价值偏好，在改革路径上体现了精英主义的价值偏好，在改革思维上体现了理性主义的价值偏好，在改革机制上体现了绩效主义的价值偏好，在改革的知识来源上体现了普遍主义的价值偏好。他认为这些价值取向的出现并非一些特定个人或组织的私欲所致，一些价值偏好也反映了全球教育变革的一些共同趋势。石中英提出，未来我国教育改革的根本价值取向应当坚持"为人民服务"，体现中国特色社会主义教育的性质，在更高层面上对当前一些相互冲突的价值取

---

① 黄济. 教育哲学通论 ［M］. 太原：山西教育出版社，1998：415.
② 同①420.

向如国家主义与个人主义、经济主义与人文主义、精英主义与民主主义、普遍主义与特殊主义等进行超越。面对实践当中的各种价值取向，石中英提出"价值平衡"的策略。这对当代教育价值论问题的进一步深入讨论具有重要的意义。

我非常同意石中英提出的"为人民服务"是未来我国教育改革的根本价值取向和"价值平衡"的策略。我想补充一点。石中英是从教育改革的各个环节上来讨论教育的价值取向的。如果从国家、社会、学校、家庭的角度来说，教育的价值取向更是多元的。但是，从一个国家一个民族来讲，总有一个主流的价值观。我认为，中华民族绵延 5000 年来有一个主要的教育价值观，就是集体主义价值观。《大学》中提出的"修身、齐家、治国、平天下"的理念，就是中华民族的主流价值观，也就是中华民族的教育价值观，把个人与家庭、国家，甚至整个世界的利益统一起来，这是在其他国家所没有的。这是"价值平衡"的基础。中国特色社会主义核心价值观也是在中国优秀文化传统的基础上发展起来的。中国特色社会主义教育价值观应该与社会主义核心价值观相一致，而教育价值观的核心应如习近平总书记所说的"以人民为中心""奉献祖国"。这种教育价值观体现在我国的教育方针上，即教育必须为社会主义现代化建设服务，为人民服务，必须与生产劳动和社会实践相结合，培养德智体美劳全面发展的社会主义建设者和接班人。在这个大前提下，社会各种机构团体、各类学校、各个家庭都可以有不同的教育价值取向（即对人才的要求）。例如科研机构持精英主义价值取向（要求有科研能力、拔尖才能）、工农生产单位持技术主义价值取向（要有高技术的工匠）、文艺团体持人文主义价值取向（要有人文素养、丰富的情感）。家庭也可能因各自环境条件不同持各种不同的价值取向，但都要在核心的教育价值观的前提下取得平衡。

目前的问题是，许多学校和家长的教育价值取向偏离了核心教育价值观，个人主义、功利主义以及经济主义等教育价值观占了上风，结果受伤害的首先是受教育者，长远来说，社会的进步、民族的振兴以及人类的和平与发展也会受到消极的影响。出现这种倾向，原因是多方面的，需要教育理论工作者深入探讨。

与教育价值观密切相关的另一个问题是民主主义教育价值观与英才主义教育价值观的矛盾。民主主义教育价值观主张教育公平，使人人都能享受公平而有质量的教育。英才主义教育价值观则主张选拔性教育，强调更早地发现人才，培养英才。当前在推行区域均衡发展、促进教育公平的过程中，舆论界就有人认为教育公平讲得太多了，妨碍天才的出现。北京市公布2020年将取消特长生考试，社会上又议论起来，这么做会不会抑制特长生的发展？这就是民主主义教育价值观与英才主义教育价值观的矛盾，如何取得平衡，在理论上还没有彻底弄清楚。教育公平与英才教育应是矛盾的统一。一方面，人的天赋是有差异的，教育应该因材施教，及早发现天赋聪颖的孩子加以培养，但天赋的差异也可以通过教育和个人的努力来弥补；另一方面，人的天赋不一定在幼年就能显现出来，往往要在一定条件下，特别是通过教育才能逐渐显现出来，天才是要在教育普及的基础上脱颖而出的。正如鲁迅所说的，要有好的花木，首先要有好的泥土。因而，教育公平不是出现天才的障碍，恰恰是天才出现的基础。巴西之所以能出现世界著名的球星，是因为整个巴西重视足球的普及，在普及足球运动的基础上才出现那么多球星。取消特长生考试不是不要特长生，而是让真正的特长生脱颖而出。特长生不只是一种技能技巧的特长，而需要对某种专业的兴趣和热爱。去掉了功利主义的考试，才有利于特长生的真正发展。另外，目前特长生的考试往往并非真是发挥学生的特长，更多的是把它作为择校的敲门砖，这种特长生考试往往会扼杀学生某种真正的爱好和特长。揠苗助长和不顾儿童的兴趣爱好，从小用英才主义的方法教育是不可取的。

在培养人才的微观层面上还存在着知识主义教育价值观与能力主义教育价值观的矛盾。培养人才是知识学得越多、越早越好，还是在获取知识的同时发展学生的能力？这个问题在理论上似乎早已解决。20世纪50年代苏联赞科夫的发展教育的实验、美国布鲁纳的发现教学法，都提出发展能力的重要。近些年来，教育理论界都提出培养创新能力的重要性。但是，教育实践中却处处体现出知识主义教育价值取向。幼儿园的小学化、校外培训活动的火热等，无不表现出重知识轻能力的知识主义教育价值取向，甚至一些新信息技术在教育领域中的运用也主要是围绕着学生学科知识的学习、诊断、矫正、考试而展开的，并以此来获得学校和家长的青睐。知识主义教育价值取向控制教育实践的顽固程度超乎想象。解决这个问题，还需要从改变教育观念、改革评价制度和改革教学方式入手。当前高考制度的改革就是想从知识主义转变到能力主义，在教学上从单纯的知识传授转变为思维能力、实践能力的培养。我认为，从某种意义上讲，教育的目标也可以概括为改变人的思维。一个人通过教育，获得知识、扩大视野、发展能力、开发思维，就能提高生命的质量和生命的价值。人们常说，乔布斯改变了世界，使人类进入互联网时代；马云改变了商业模式，使消费进入网购时代。这些不都是思维的变化所创造出来的吗？所以，教育的目标就是提高人的思维能力，一切教育活动都需要重视学生思维能力的培养。

当今世界进入了信息化、人工智能的时代。信息化、人工智能的发展正在改变着人类的生产和生活，当然必然会引起教育的变革。教育的生态发生了根本性的变化，学习的空间变了、教育的内容变了、教学方式变了、教师的角色变了，因而人们对未来教育充满技术主义教育价值倾向。但是，未来教育中立德树人的教育根本任务不会变。未来教育正如《反思教育》中说的，要尊重生命和人类尊严。这又是一种人文主义教育价值取向。因此，我认为讨论未来教育的逻辑起点要避免技术至上主义倾向。毫无疑问，教育必须变革，才能适应信息时代的要求，没有教育的信息化就没有教育的现代化。但是，当今时代是一个变革的时代，不仅技术在变化，社会也在变化。世界充满着种种矛盾，政治的动荡变幻、科技的日新月异、经济的全球化以及教育的普及化、终身化和国际化，处处都在促使教育的变革。因此，考虑未来教育不能只从技术着眼，而要从未来时代的发展着眼，从人类未来发展着眼。人文主义教育价值观与技术主义教育价值观是能够取得价值平衡的。中国教育的传统都讲培养德才兼备的人才。正如司马光在《资治通鉴》中所说的："才者，德之资也；德者，才之帅也。"一个人有了德，才能把技术用在有益于人类的发展上。如果有才无德，技术就会变成残害人类的武器。德才兼备，造福人类，这是应该具备的教育价值观。未来教育应该在充分和正确运用信息技术的基础上，培养有理想信念、创新思维、勇于担当、奉献精神的，全面发展与个性发展相统一的人才。

改革开放 40 年来，我国教育发展取得举世瞩目的成就，教育科学研究也取得长足的进步。今天，中国特色社会主义进入新时代，教育理论工作者要以习近平新时代中国特色社会主义思想为指导，努力学习、深入实际、奋发钻研，争取在理论上有所突破，为实现教育现代化做出贡献。

（原载《教育研究》，2018 年第 5 期，略有改动）

教育观念现代化是教育现代化的灵魂

《国家中长期教育改革和发展规划纲要（2010—2020 年）》（以下简称《规划纲要》）规定，到 2020 年我国要基本实现教育现代化。但教育现代化的标准大家还不是很清楚。因此，首先要明确什么叫教育现代化。我认为，所谓教育现代化就是以现代信息社会为基础，以先进教育观念为指导，运用先进信息技术促进教育变革的过程。我国教育现代化的过程，就是按照"教育要面向现代化，面向世界，面向未来"的要求，通过教育改革和体制创新，由传统教育向现代教育转变的过程。教育现代化内涵十分丰富，包括观念、制度、内容、方法等多个层面，其灵魂是教育观念的现代化。

之所以说教育观念的现代化是教育现代化的灵魂，是因为只有教育观念转变了，才有制度的转变和内容方法的改革。我国在清末民初就引进了西方的教育制度，教育内容也几经更新，但教育观念却没有彻底改变。正如《规划纲要》指出的，我们的"教育观念相对落后"。教育观念的转变是最主要也是最艰难的转变。因为观念是隐藏在人们头脑中最根深蒂固的、最不易变化的东西，它与长期积淀的文化传统、民族心理有关，也与现实的社会环境有关。教育观念首先表现为对教育本质、教育价值的认识。教育要回答的无非是三个问题：什么是教育？为什么要教育？怎样教育？这三个问题都包含着对教育本质和价值的认识。

比如，对于什么是教育，我们有一个逐步认识的过程。长期以来，我们总是用工具理性来认识教育。现在，许多人认为教育要为经济建设服务，这当然没有错。教育离不开一定社会的政治并要为它服务，但教育的本质是促进人的发展，把一个生物的人培养成社会的人。只有个体的人发展了，才能为经济社会发展服务。所以，立德树人就是教育的根本任务，要着力提高学生服务国家和人民的社会责任感、勇于探索的创新精神和善于解决问题的实践能力，把学生培养成为德智体美劳全面发展的人才。受教育是每个人发展的权利，为社会服务是每个人生存的义务。联合国教科文组织在成立 70 周年的时候发布了新的报告，叫《反思教育：向"全球共同利益"的理念转变?》，提出面对当今世界种种矛盾和冲突的挑战，要重新定义知识、学习和教育。教育应该坚持人文主义，以尊重生命和人类尊严、权利平等和社会正义、文化多样性、国际团结和分担责任为基础，教育应是"全球共同利益"。在教育观念上，我们要超越狭隘的功利主义和经济主义，将人类生存的多个方面融合起来，采取开放的、灵活的、全方位的学习方法，为所有人提供发挥自身潜能的机会，以实现可持续的未来，过上有尊严的生活。这就是教育现代化的观念。

在教育观念层面，我曾提出过教育现代化的八大特征，即教育的民主性和公平性、教育的生产性和社会性、教育的终身性和全时空性、教育的个性化和创造性、教育的多样性和差异性、教育的信息化和创新性、教育的国际性和开放性、教育的科学性和法制性。这是从宏观层面来说的。而从人才培养模式的微观层面来讲，教育现代化的主要理念应该是个性化、差异性、创造性、开放性。要做到这一点，就要坚持以学生为主体，改革传统的人才培养模式，充分调动学生学习的主体性、主动性和创造性；注意学生的差异性，因材施教，为每个学生提供适合的教育，使学生的潜能得到充分发挥。

当前，"互联网+"为教育现代化提供了有利条件。"互联网+教育"必然会引起教育和学习环境的变革。它改变了学习的时间和空间，改变了师生的关系。学习者不再限于学校里、课堂上，而是时时处处可以学习，可以从互联网上获得各种信息。"互联网+教育"的最大优势是个性化、互动性、开放性。在"互联网+教育"的环境下，教师已经不是知识的唯一载体，更不再是知识的权威。教师应利用互联网的特点为每个学生设计适合他们的学习环境，同时指导学生收集处理信息的正确策略和方法，帮助学生解决学习中的困难，与学生共同学习。因此，教师应该是学生学习的设计者、指导者、帮助者以及和学生共同学习的伙伴。这也要求我们在教育观念上与时俱进。

因此，教育现代化绝对不只是校舍、设备的现代化，拥有再豪华的校舍、再先进的设备，如果教育观念陈旧，教育方法还是老样子，那还是算不上教育现代化。更重要的是教育工作者自身观念的现代化，能用现代教育观念和方式方法培养具有时代精神和中华民族情怀的现代国民。

（原载《人民日报》，2016年1月31日，略有改动）

新时代推进教育现代化要怎么做

《中国教育现代化 2035》和《加快推进教育现代化实施方案（2018—2022 年）》（以下简称《方案》）两个文件远近结合，绘就了中国教育现代化的宏伟蓝图和第一张五年施工图，对加快推进教育现代化做出了长远的规划、具体的部署，提出了切实的要求。《中国教育现代化 2035》提出了到 2035 年教育发展的目标：建成服务全民终身学习的现代教育体系，总体实现教育现代化，迈入教育强国行列，推动我国成为学习大国、人力资源强国和人才强国，具有较强的战略性、思想性、指导性。《方案》提出了近五年要开展的具体工作，明确了第一个五年教育改革和发展的任务，要求具体，聚焦解决当前紧迫性问题和人民群众关心的问题，为 2035 年实现教育现代化奠定坚实的基础，体现了时代性、针对性、可操作性。

新时代加快推进教育现代化，首先要树立现代化的教育理念

《中国教育现代化 2035》提出"八个更加注重"的基本理念，即教育现代化的基本标准。概括起来就是：更加注重以德为先，全面落实立德树人的根本任务；更加注重全面发展，大力发展素质教育，促进德育、智育、体育、美育和劳动教育的有机融合；更加注重面向人人，保障每个人享受公平而有

质量的教育；更加注重终身学习，将学有所教与终身受益作为衡量教育发展水平的重要标准；更加注重因材施教，满足学习者个性化、多样化学习和发展的需求；更加注重知行合一，将教育与生产劳动和社会实践紧密结合起来，提高学生的创新能力；更加注重融合发展，推动教育向社会开放、向产业开放，推动学校教育、社会教育、家庭教育有机结合；更加注重共建共享，坚持人人尽责、人人享有，构建全社会共同建设、共同参与治理、共同分享成果的教育发展新格局。这"八个更加注重"总结了改革开放 40 年来，特别是党的十八大以来教育改革和发展的经验，是结合新时代、新矛盾、新理念提出的实现教育现代化的新要求。

新时代加快推进教育现代化，要以提高教育质量为重点

《中国教育现代化 2035》的指导思想强调着力提升教育质量。要全面落实立德树人根本任务，广泛开展理想信念教育，引导学生树立共产主义远大理想和中国特色社会主义共同理想，增强道路自信、理论自信、制度自信、文化自信，立志肩负民族复兴的时代重任。提高教育质量，要认真贯彻党的教育方针，开足开齐国家课程、改进教育方式、提高课堂教学的质量；要激发学生的好奇心和学习兴趣，使学生愿意学、乐于学、自主学；要培养学生的创新思维和实践能力，优化知识结构、丰富社会实践，使学生在学习和实践活动中成长。提高教育质量，要构建教育质量评估监测机制，健全人才培养质量监测体系；要建立更科学公正的考试评价制度，坚决克服唯分数、唯升学、唯文凭、唯论文、唯帽子的顽瘴痼疾。

新时代加快推进教育现代化，要着力加强教师队伍建设

教育大计，教师为本，高素质专业化创新型教师队伍是加快教育现代化

的关键。习近平总书记强调，要坚持把教师队伍建设作为基础工作。要大力加强师德师风建设，教师要以德修身、以德立学、以德施教、以德育德。要振兴教师教育，加大对师范院校的支持力度，改革课程和教学，培养高素质、专业化、创新型教师。要吸引和汇聚优秀人才从教，建设一支有理想信念、道德情操、扎实学识、仁爱之心的教师队伍。要提高教师的社会地位，全社会都要尊重教师、信任教师、依靠教师。

新时代加快推进教育现代化，要锐意改革激发教育活力

改革创新是教育发展的动力源泉。改革开放 40 年来，教育的巨大成绩就是在"解放思想，实事求是"思想指导下，通过改革创新取得的。实现教育现代化仍然要依靠改革创新。《中国教育现代化 2035》提出了推进教育治理体系和治理能力现代化的目标任务。

要深化放管服改革，转变政府职能，强化监管能力，创新服务方式，坚持依法治教、依法办学、依法治校，建立多元参与的协同治理新机制。要以问题为导向，深化教育领域综合改革。

在教育体制改革的重心上，要解决好政府、社会与学校的关系，政府要简政放权，社会要积极参与，学校要增强治校的能力。在办学体制上，要更趋多元化，形成以政府办学为主体、社会积极参与、公办民办共同发展的格局。

在管理体制上，明确厘清中央和地方、政府和学校之间教育职责和权限，建立多元参与、共建共享现代教育治理体系。在资源配置上，要加强贫困地区在教育经费、师资配备和管理等方面的保障。在发展推进上，要处理好全国统一要求和地方差异化需求的关系，因地制宜，因校制宜，不搞一刀切。

在教育教学方式上，要树立正确的教育观、人才观、教学观，坚持立德

树人方向，改进教育方法，培养学生的学习兴趣，引导学生自主学习，培养学生创新思维和实践能力。

在评价制度上，要改革考试招生制度，更加科学设计，精细实施，实行分类考试、综合评价，真正解决"一考定终身"的局面，达到公平、科学选才的目的，这是教育改革的重点，也是改革的难点。

要加快信息化时代教育变革，充分了解信息技术开放性、个性化、互动性、虚拟性等特点，推动信息技术在教学、学习、管理、评价等方面的合理应用。要开创教育对外开放的新格局，积极服务"一带一路"建设，构建中外教育交流合作新格局，充分利用国际优质资源培养我国急需人才，同时提升我国教育国际影响力。

蓝图已经绘就，加快教育现代化的号角已经吹响，我们要以习近平新时代中国特色社会主义思想为指导，充满信心地迈向新时代教育改革发展的新征程。

（原载《光明日报》，2019年3月5日，略有改动）

加强教育科学研究　推动教育现代化

2019 年 10 月教育部发布的《加强新时代教育科学研究工作的意见》（以下简称《意见》）指出："教育科学研究是教育事业的重要组成部分，对教育改革发展具有重要的支撑、驱动和引领作用。"《意见》对新时代教育科学研究的发展提出了新的要求和意见，并规划了教育科学研究发展的目标，明确了教育科学研究的指导思想、原则和具体措施，对今后教育科学研究具有重要指导意义。作为一个教育理论工作者，我备受鼓舞。贯彻落实《意见》，我认为要重视以下几点。

一要高度重视教育科学研究在教育发展和改革中的重要作用。习近平总书记在 2018 年全国教育大会上强调，"教育是国之大计、党之大计"。教育改革和发展需要依靠教育科学研究的支撑，因为教育是有规律可循的，青少年儿童的成长也是有规律的。当今世界正面临着前所未有的大调整、大变局，科学技术的迅猛发展、生产力的不断变革，无不影响到人们的生产和生活。教育如何满足新时代的要求，同时利用新的科学技术来探索教育发展和人才培养的新规律，是教育工作者的使命。无论是教育理论工作者还是教育实践者，都要重视教育科学研究，以科研兴教、以科研兴校，促进教育现代化。

二要坚持党对教育科学研究工作的全面领导。中国特色社会主义教育理论建设，要以习近平新时代中国特色社会主义思想为指导，要认真学习习近平总书记关于教育的重要论述。党的十八大以来，习近平总书记对教育工作发表了一系列重要讲话。他在 2018 年全国教育大会上的讲话，提出了我国教育改革发展一系列新理念、新思想、新观念。他总结的"九个坚持"，全面论述了教育的本质、目的、任务和培养目标，为中国特色社会主义教育理论体系建设奠定了理论基础。习近平总书记坚持马克思主义关于人民实现自身解放的思想，始终把人民群众的利益放在第一位，"坚持以人民为中心"是中国特色社会主义教育理论的核心。

三要坚持理论与实践相结合，提高教育科学研究质量和服务能力。教育科学研究要围绕国家经济社会发展的战略部署，把握社会变革的大形势、大趋势，加强教育宏观决策和发展战略研究，提升教育政策和科学化水平；要围绕中央关心、社会关注、人民关切的教育热点难点问题，开展深入研究，在重要领域和关键环节取得新突破；要深入教育实践，总结鲜活的经验。教育实践总是走在理论的前面，改革开放以来，教育改革实验方兴未艾，创造了许多新鲜的经验。教育科学研究要总结教育改革的新经验，将其提升到理论高度，起到推广引领的作用。

四要进一步扩大开放，加强国际教育交流和比较研究，吸收世界先进教育理念和经验，并与中国教育实践相结合，形成本土化的新思想、新理论。加强"一带一路"沿线国家的教育研究，推进教育合作与交流。加强对国际组织的研究，了解世界教育发展的趋势和动向，提升我国参加全球教育治理的能力。

五要加强教育信息化的研究。当今世界，互联网、人工智能、大数据正在改变着人们的生产和生活，改变着教育的生态、环境、方式及管理模式。充分认识信息技术的育人功能，是当前教育工作者遇到的重要课题。教育科学研究要把教育的信息化作为重要课题，研究教育信息化的优势和可能遇到的风险，科学地、正确地在教育中运用信息技术，提高教育质量，培养创新人才。

六要健全教育科学研究机构体系，加强教育科学研究队伍建设。改革开放以来，我国教育科学研究机构体系已经基本形成。教育部有中国教育科学研究院，各省都设有教育科学研究院（所）。加强各级教育科学研究机构的协同合作、提高教育科学研究水平、改善教育科学研究评价奖励制度、加强教育科学研究成果转化，是当前面临的重要问题。加强教育科学研究队伍建设是关键。教育科学研究机构要重视学科带头人的培养，特别要重视青年教育科学研究工作者的培养，为他们的成长创造必要的条件，使他们有理想信念、扎实学识、心无旁骛、追求真理，为实现中国的教育现代化而努力奋斗。

相信在党的领导下，我国教育科学研究一定会更加繁荣昌盛。

（原载《教育研究》，2019 年第 11 期，略有改动）

强国必须强教

习近平总书记在党的十九大报告中强调："建设教育强国是中华民族伟大复兴的基础工程，必须把教育事业放在优先位置，深化教育改革，加快教育现代化，办好人民满意的教育。"这一重要论述深刻揭示了教育在全面建设社会主义现代化强国、实现中华民族伟大复兴中国梦中的重要地位。

教育是强国之本，是民族振兴、社会进步的重要基石。当今世界，科技发展日新月异，世界政治经济格局和各国力量对比正在发生深刻变化。中华民族自立于世界民族之林、赢得国际竞争的主动，必须靠人才。习近平总书记在 2014 年教师节前夕与北京师范大学师生座谈时指出："当今世界的综合国力竞争，说到底是人才竞争，人才越来越成为推动经济社会发展的战略性资源，教育的基础性、先导性、全局性地位和作用更加突显。"坚持把教育事业放在优先位置，这是深入把握当今世界综合国力竞争的本质得出的必然结论。

改革开放以来，我国经济社会发展取得举世瞩目的伟大成就，大踏步赶上了时代，实现了中华民族从站起来到富起来的伟大飞跃。之所以能实现这一伟大飞跃，与我国把教育事业放在优先位置、培养大量社会主义现代化建设所需要的人才密切相关。2016 年，我国学前 3 年毛入园率为 77.4%，小学净入学率为 99.9%，初中阶段毛入学率为 104.0%，高中阶段毛入学率为

87.5%，高等教育毛入学率为 42.7%，教育普及程度超过中高收入国家平均水平。教育事业的发展为中华民族从站起来到富起来提供了有力人才支撑。但我们也要清醒认识到，我国还不是教育强国。要实现中华民族从富起来到强起来的伟大飞跃，必须坚持把教育事业放在优先位置，建设教育强国。实现中华民族伟大复兴，必须依靠教育培养人才。今天我国对科学知识和卓越人才的渴求比以往任何时候都更加强烈。

建设教育强国，要把立德树人作为教育的根本任务。党的十八大以来，习近平总书记多次走进人中小学，在与师生座谈时深入阐述了立德树人的重要意义和实施途径。2018 年五四青年节前夕，习近平同志与北京大学师生座谈谈到培养什么样的人、怎样培养人时说："我先给一个明确答案，就是我们的教育要培养德智体美全面发展的社会主义建设者和接班人。"他强调办学要坚持正确的政治方向，教育必须培养社会发展所需要的人。立德树人是中华民族的优秀文化传统。中国历代思想家、教育家都十分重视人的德行，强调培养德才兼备的人才。我们党继承和发扬中华民族崇德的优良传统，坚持把立德树人作为教育的根本任务。当今时代，一方面科学技术飞速发展，社会物质财富越来越丰富；另一方面，在社会变革中文化日益多元化，一些腐朽文化也随之而来。这导致学生的成长环境发生了深刻变化，更要求教育把立德树人作为根本任务。教育工作者必须深刻认识到，人才培养一定是育人和育才相统一的过程，而育人是本。要把立德树人的成效作为检验学校一切工作的根本标准、作为检验教育强国建设成效的根本标准。

教育大计，教师为本。立德树人的根本任务能不能完成好，跟教师队伍有很大关系。建设教育强国，就要把建设高质量的教师队伍作为重大工程。习近平总书记强调："人才培养，关键在教师。"教师之所以重要，是因为教师的工作是塑造灵魂、塑造生命、塑造人的工作。他说："一个人遇到好老师是人生的幸运，一个学校拥有好老师是学校的光荣，一个民族源源不断涌现出一批又一批好老师则是民族的希望。"他鼓励教师做学生锤炼品格的引路人、学习知识的引路人、创新思维的引路人、奉献祖国的引路人。要做学生的引路人,教育者首先要受教育。教师要有理想信念,有道德情操,有扎实学识,有仁爱之心。在建设教育强国的进程中,我们要高度重视师德师风建设,使教师做到敬重学问、关爱学生、严于律己、以身作则、以德立身、以德立学、以德施教。

把教育事业放在优先位置、建设教育强国,也是满足人民对美好生活的向往的内在要求。在建设教育强国过程中,我们要不断促进教育发展成果更多更公平惠及全体人民,使人民群众都能享受更好的教育,获得自身发展和造福社会的能力,过上有尊严的幸福生活。

(原载《人民日报》,2018 年 7 月 15 日,略有改动)

为高职扩招百万叫好

职业教育是我国国民教育体系中的重要组成部分。作为培养应用型技术人才的教育，职业教育是培养产业人才的基地。无论是物质产业还是文化产业都需要技术人才和实际操作的工作人员。因此，职业教育对一个国家的社会经济发展具有重要的意义。

进入工业社会以后，职业教育备受各国的重视。例如，英国直到18世纪，全国还只有6所大学，但产业革命以后就出现了一批专业学院，并于1889年颁布了《技术教育法》，发展职业技术教育；法国在大革命以后建立起了专门的工业学校，促进了法国工业的发展。特别是在第二次世界大战以后，科学技术的发展带来了生产的变革和经济的繁荣，各国职业技术教育得到了很大的发展。法国于1966年高等教育改革时创办了短期技术学院；日本的短期大学、美国的社区学院都得到了迅速的发展。在世界范围来看，各国高等职业院校在高等教育中都占有一定的比率。如美国2017年全国有4297所高等教育机构，其中研究型大学只有328所，社区学院1480所，本科生中40%就读于社区学院。日本2018年有普通高校782所，短期大学331所，还有57所高等专门学校，许多普通高校也都是培养应用技术人才。

但是，我国的职业教育长期得不到很好的发展。一方面，在20世纪我国工业革命尚未完成，第三产业不发达，应用技术人才的需求不迫切。另一方面，我们存在歧视职业教育的旧观念，"读书做官"的思想根深蒂固。改革开放40年来，我国工业化基本完成，第三产业占GDP的比重已经超过50%。应用技术人才的短缺已经成为经济社会发展的主要矛盾。我国要成为世界制造业强国、创新型国家，大力发展职业教育刻不容缓，发展职业教育已经成为我国经济社会可持续发展的基石。

职业教育的发展有利于缓解就业的压力。无论是城镇的发展还是农业现代化的进展，就业压力在不断增加。目前是青年就业难，企业招聘有技术的人才难。发展职业高等教育，让高等职业学校与企业对口，及早地解决高职毕业生的就业问题，就会减轻就业的压力。

职业教育的发展是精准扶贫的有力途径。扶贫首先要扶智、扶志。如果更多贫困地区的孩子能够接受职业教育，获得一技之长，就有能力就业或者创业，就能改变家庭贫困的状况。

职业教育的发展有利于社会的安定。青年接受了职业教育，具备了一技之长，就能获得固定的工作，就不会成为无业游民，有利于社会的安定团结。我国很多经济欠发达地区大力发展职业教育，使青年有工作、有收获，能够过上有尊严的幸福生活，这是很好的经验。

发展职业技术教育还有利于我国高等教育机构改革。我国高等教育已经开始从大众教育走向普及教育。大众高等教育的特点是，除了少数研究型大学以外，更多的应该是培养应用型人才的高等学校。现代社会需要多元化的人才结构，同时也可以适应不同青年的实际需要。从学生自身来讲，每个人天资不同，特长爱好不同，有的孩子善于理论思维，有的孩子动手能力很强。职业教育的发展可以给青年提供多元的选择机会。

发展职业教育首先要转变观念，克服"读书做官"的陈旧落后的思想观念，要树立行行出状元的思想。瑞士是欧洲的一个小国，职业教育很发达，成了机械制造业强国，人均GDP名列世界前茅，这就是很好的例子。德国是制造业强国，他们从中学就开始分流，许多孩子在中学阶段就进入职业学校，中学毕业如果不进入大学，还必须接受一年的职业技术教育。同时，高职学校与普通大学建有一个立交桥。一个工人工作几年以后，觉得需要继续学习，仍然有机会进入大学深造。德国的经验值得我们借鉴。

发展职业教育要加强教育投入，改善办学条件，加强校企合作。我曾经参观过美国一所社区学院的汽车专业，汽车公司就把最新的汽车交给他们作为教学用具。我还曾经访问过一所苏联时期的地铁专门学校，他们与地铁集团合作，为地铁培养各种人才。

要提高高等职业学校的社会地位和物质待遇，弘扬大国工匠精神，使职业学校的毕业生，在职业上有荣誉感，在物质上有获得感，吸引优秀青年报考高职院校。任何学校都能办成一流，高等职业学校也能办成一流。过去上海的立信会计专科学校，就是一所高职学校，但它为新中国培养了一大批会计人才，成为全国知名的一流学校。今天，我们也需要并且有可能建设这样一批一流的高等职业学校。

（原载《中国教育报》，2019 年 3 月 15 日，略有改动）

一部现代教育的教科书

——纪念杜威《民主主义与教育》发表100周年

2016年是杜威的《民主主义与教育》发表100周年。杜威在中国并不陌生，教育界都知道他是实用主义哲学家，现代教育（进步教育）运动的领军人物。1919—1921年，杜威曾应江苏教育学会之邀来华讲学两年多时间，走遍了大江南北多个省市，做过无数次的报告。他的教育思想影响了世界各国，对中国的影响也是巨大的。《民主主义与教育》一书是杜威教育思想集大成的一部著作，书中论述了教育与社会、教育的目的、教育的价值、儿童与儿童经验、儿童活动、课程、教学、德育等内容，是一部非常全面的教育学教科书。今天重读这部著作，对教育仍有许多感悟，值得进一步探讨。

杜威教育思想出台的时代背景

杜威出生于1859年，逝世于1952年。他生活的时代刚好是美国南北战争前后，是美国由农业社会转向工业社会的关键时期，也是美国民众思想观念转变的时期。美国是一个移民国家。移民开始阶段开发新大陆，主要以农业畜牧业为主，并以彪悍勇敢创新著称。随着国家的发展，北方工业发展与南方的农业奴隶制度发生了巨大的矛盾，于是爆发了南北战争，北方胜利以后，工业得到迅速的发展。工业发展需要有文化的工人，于是普及义务教育就在北方的马萨诸塞州首先实施起来。当时美国的教育比较落后，都是仿照欧洲，许多学者都到德国去留学。因此美国教育深受德国传统教育的影响。正如滕大春教授在对《民主主义与教育》一书的解读中所说："早在 17 世纪的殖民地时期，人们普遍信仰加尔文派教义，这时受德国哲学的陶冶，遂更加相信宇宙中万事万物都是固定和永恒的。"[①] 但美国与欧洲老牌资本主义社会不同，美国建国不久，需要开拓创新，冒险求生，在理念上需要冲破固定的永恒主义的思想束缚。再加上美国工业发展的现实，竞争的加剧，在知识阶层中开始在理论上发生转变。于是达尔文的"物竞天择、适者生存"的哲学理念在美国学界流行起来。首先冲破欧洲哲学的是留学德国而后任教于哈佛大学的威廉·詹姆斯（William James）。杜威受到詹姆斯的影响，开始由理论转向现实。这就是实用主义哲学在美国诞生的历史背景。

当时，杜威发现美国中小学的课程非常贫乏落后，正流行的德国赫尔巴特五段教学法也很机械呆板，于是便产生了教育改革的念头。他在 1884—1894 年在芝加哥大学任教时开始创立实验学校，取得了很大成功。1897 年杜威发表了《我的教育信条》，1899 年发表了《学校与社会》，以后又陆续发表了论述儿童和教育的文章。1904 年，杜威受聘于哥伦比亚大学，任教 26 年，使哥伦比亚大学师范学院成了世界著名的教育理论高地。我国陶行知、蒋梦麟、陈鹤琴等都曾求学于杜威的门下。1916 年，杜威发表《民主主义与教育》，该书可以说是集合了杜威几十年的实验研究成果的实用主义教育哲学巨著。

---

① 杜威. 民主主义与教育 [M]. 北京：人民教育出版社，1990：7.

《民主主义与教育》的主要观点

《民主主义与教育》一书共 26 章，杜威在第 24 章中对内容做了划分，包含三个部分：第一部分是"把教育看作社会的需要和社会的职能"，概述了学校教育的社会职能。第二部分论述了民主社会教育的性质、教材的性质和教学主要原则，这部分集中了他对教育的观点。第三部分主要论述了现实社会中的种种关系。在教育本体论方面，杜威主要论述了大家所熟悉的三大观点。

一是教育即生长。这是该书论述的主要观点。他对生长的含义做如下解释："社会在指导青少年活动的过程中决定青少年的未来，也因而决定社会自己的未来。由于特定时代的青少年在今后某一时间将组成那个时代的社会，所以，那个时代社会的性质，基本上将取决于前一时代给予儿童活动的指导。这个朝着后来结果的行动的累积运动，就是生长的涵义。"① 生长也就是从未成熟状态逐步累积为成熟状态。杜威认为，儿童天赋中有社交能力、灵活的敏感的能力，同时具有特殊的适应能力，这种能力构成他的可塑性。可塑性乃是以从前经验的结果为基础，改变自己行为的能力。②

二是教育即改造。杜威主张教育应根据学生的天赋能力，使之成为儿童自身的本能、兴趣、能力的生长过程。杜威认为，儿童应在实际生活过程中生长，单纯外来的灌输不是真正的教育。教育即经验的继续不断的改造，在活动中获得新的经验，就会对原有的经验进行改组、改造，增加经验的意义。杜威批评了"教育即预备""教育即展开""教育即官能的训练"等观点。他认为生长的理论与上述观点不同，生长的理想即"教育是经验的继续不断

---

① 杜威. 民主主义与教育 [M]. 北京：人民教育出版社，1990：45.
② 同①48.

的改组和改造"①。杜威从而认为，教育即是儿童经验的改造。

三是教育即生活。杜威认为儿童生活在社会中，"生活就是发展，不断发展，不断生长，就是生活"②，他认为儿童的生长及经验的改造表现为社会性的活动，即生活。教育就是儿童现在生活的过程，而不是生活的预备。杜威强调儿童应在自身的活动中进行学习。

基于上述三大理念，杜威提倡"做中学"，即让儿童在社会中、在活动中学习。人们把杜威现代教育思想与赫尔巴特的传统教育思想的"教师中心、课堂中心和教材中心"对立起来，称其为"儿童中心、活动中心和儿童经验中心"。

杜威实用主义教育思想的局限性

杜威的教育思想影响不仅巨大而且深远。虽然在第二次世界大战后受到要素主义和永恒主义教育学派的批判，但其影响始终存在。我于 20 世纪八九十年代几次去美国，发现美国教育还是以杜威的教育思想为指导，老师们很少知道其他学派的教育思想。要素主义和永恒主义，乃至于后来的结构主义都强调了系统知识的重要，同时强调能力的培养胜过知识的传授。特别是 1957 年苏联第一颗人造卫星上天以后，美国结构主义教育哲学占据上风，强调要把学科知识体系传授给学生，要对中学课程进行大刀阔斧的改革。于是出现了 60 年代的新数学、新物理、新化学、新生物等课程和教材。同时，结构主义教育在教学中又特别强调培养学生的能力。正如结构主义者布鲁纳所主张的，要通过发现法，培养学生的创新思维能力。要培养这种能力，就需要让学生参与教学，探索问题。美国的这次课程改革确实也培养了一批精英

---

① 杜威. 民主主义与教育 [M]. 北京：人民教育出版社，1990：81.

② 同①54.

人才，但因为大众教育不适应，这次改革并未在全美获得成功。而杜威主张的"儿童中心""做中学"的思想却仍然被广大教师所接受。

杜威实用主义教育思想毕竟产生在美国的土地上，是在美国社会转型时期产生的，并不适用于任何国家、任何时期。例如杜威教育思想在俄国十月革命以后曾在俄国风靡一时，但到20世纪30年代初，苏联就发现杜威的主张不能使学生获得系统的科学知识，降低了学业水平。于是联共中央在20世纪30年代初一连发布了三个决定，并开展对"儿童中心"的批判。虽然苏联当时的决定从今天看来是恢复了传统教育的做法，压抑了儿童的创造性，但确实培养了一批掌握扎实科学知识的人才，使苏联很快完成了工业社会的建设，而后赢得了反法西斯战争的胜利。

杜威在中国讲学两年多，在他学生的帮助下广泛传播他的教育思想，但其思想在中国并未生根。中国"传道授业解惑""师道尊严"的思想根深蒂固，以儿童为中心的思想难以扎根。特别是解放初期一面倒向苏联学习，对杜威的教育思想进行了无情的批判。传统教育思想长期是中国教育的主导思想。

但是，时代在变化，创新的时代需要创新教育。今天，杜威"儿童中心"的思想成为中国教育改革的核心理念。中国新一轮的课程改革，强调要以学生为主体，以儿童为中心，采用探究式、参与式的学习方法，让学生在"做中学"，以培养创新精神和实践能力。这说明杜威教育思想仍有深远的影响。当然，今天强调的以学生为主体和"做中学"，已经不是杜威的原意，而是新时代对教育的要求，但不能不说这是对杜威教育思想的继承和发展。

（选自2016年6月5日在北京师范大学教育学社举行的纪念杜威《民主主义与教育》发表100周年论坛上的发言）

文化是一个民族的根与魂

——谈谈中华优秀传统文化教育

非常高兴回到了70多年前我读书的母校——江苏省南菁高级中学，参加《人民教育》举办的"中华优秀传统文化教育"研讨会。刚刚胜利闭幕的党的十九大，确立了习近平新时代中国特色社会主义思想，其中包括他一再强调的要传承中华优秀传统文化，今天我就讲讲中华优秀传统文化教育的一些个人的体会和想法，和大家一起讨论。党的十九大，习近平总书记做了重要报告。报告回顾了五年来我国所取得的成就，规划了未来发展的蓝图。实现中国梦，我们要分两步走，2020年到2035年是基本实现教育现代化，再用15年时间，到2050年把我国建成富强、民主、文明、和谐、美丽的社会主义现代化强国。报告中专门有一部分讲坚定文化自信，推动社会主义文化繁荣，提出了中国特色社会主义文化源于中华民族5000多年文明历史。习近平总书记过去在多个场合提到中国传统文化博大精深，学习和掌握其中的各种思想精华，对树立正确的世界观、人生观和价值观都非常有益处。

加强优秀传统文化教育的重要意义

加强优秀传统文化教育的重要意义是不言而喻的，归纳起来可以从以下几个方面来理解。

第一，中华优秀传统文化是中华民族安身立命之本。中华民族在5000多年绵延不断的文明发展过程中，创造了博大精深的优秀文化，它是中国人的基因，是中国人的根和魂，它生生不息地流淌在我们的血液中。一个民族失去了自己的优秀传统文化，这个民族也就不复存在了。世界四大文明包括巴比伦文明、埃及文明、印度文明、中国文明，唯独中国文明5000多年绵延不断，就因为我们的"根"、我们的基因一直被传承下来，但是其他三个文明都中断过，这就是所谓的"文化的断裂"。文化就是一个民族的根。

第二，中华优秀传统文化是中华民族共同培育民族精神的源泉。我们怎么培养我们的学生，我们下一代民族精神的培育要靠传承中华优秀文化。它凝聚了13亿人民坚守理想信念、建设美好家园的无穷力量。我们的优秀民族文化，无论是在国家兴旺发达的时期，还是在民族遇到困难的时期，都发挥了一种凝聚整个中华民族艰苦奋斗的无穷力量。我们回忆一下，抗日战争时期，不仅是在国内的中国人，包括海外华人都起来支持抗日，这是一种力量，是一种培育民族精神的源泉。

加强中华优秀传统文化教育是立德树人的重要内容。教育首先要培养人，正如陶行知先生所说："千教万教，教人求真；千学万学，学做真人。"中国的教育，就是要培养中国人，培养有中华文化精神的人。德育为先，需要我们传承中华优秀文化。《论语》一再强调要培养君子。所谓"君子"，指的是不仅要有知识，还要讲"仁"、讲"礼"，是具备高尚品德的人。有知识而没有道德的人是"小人"。

第三，加强中华优秀传统文化教育是培育和弘扬社会主义核心价值观的重要组成部分。社会主义核心价值观包含了国家层面、社会层面和个人层面的价值内容，是在中华优秀传统文化的基础上的发展。在弘扬中华优秀传统文化的时候，我们能够更加体会到社会主义核心价值观的意义和重要性，坚定了我们走中国特色社会主义道路的信心。所以，习近平总书记过去讲到"道路自信""理论自信""制度自信"，后来又强调要加强"文化自信"，而且讲文化自信是其他三个自信的基础，这一点非常重要。因为文化渗透到一个人的心里、血脉中，它是深层次的，是不容易改变的。

第四，弘扬中华优秀传统文化为实现中华民族伟大复兴的中国梦提供了巨大动力。中华民族有着悠久的历史，为人类文明做出了巨大的贡献。时至19世纪，中华民族受到了列强的侵略和压迫，我们落后了，但是中国共产党领导全国人民推翻了"三座大山"，中国人民站起来了；经过改革开放40年，我们富起来了；但是我们还要走向强国，再过30年，我们要变得强起来。弘扬中华优秀传统文化是我们实现中华民族伟大复兴中国梦的一个巨大动力。

社会主义现代化不是天上掉下来的，是在继承传统的基础上发展起来的。中华文化源远流长，有着丰厚的文化积淀，才使我们能够迅速崛起。加强中华优秀传统文化教育，就是引导青少年全面认识中华民族的历史传统，了解我们基本的国情，认识中国特色社会主义道路的必然性，树立起道路自信、理论自信、制度自信和文化自信。现代化建设要继承我们的历史，要在优秀传统文化的基础上建设我们的国家。

中华传统文化到底有哪些精华

中华传统文化博大精深，源远流长。优秀传统文化包括物质文化、制度文化、精神文化，但有一个基本的精神，它是民族文化最深层、最积极的核心，是一个民族的灵魂，是民族发展的不竭动力，它包括思想、意识、价值观、思维方法等，我们称之为中华美德。

文化有很多层面，物质层面包括我们的建筑等；制度方面的文化，比如我们现在的考试制度，就有古代科举制度的影子；更重要的还是精神文化，精神文化是我们看不见、摸不到的，但在我们的经典著作里得以体现，精神文化渗透到物质文化、制度文化之中，它有其基本的精神。这个基本精神是最核心的，也是最深层次的，包括我们的思想、意识、价值观、思维方式以及我们民族的心理，这都是深层次的精神方面的文化。

中华美德有如下几个方面。

我个人理解，第一是天人合一。杜威曾经讲过："西方文化是要去征服世界、征服自然的，东方文化是与自然融合的。"李大钊也说过："东洋文化是'自然支配人间的'，西洋文化是'人间征服自然的'。"古代各派对"天人合一"理解不同、解释各异，但基本是指天与人、天道与人道、天性与人性的统一。中国人往往用天道解释人道。

第二是自强不息，刚健有为。《易·象传》说："天行健，君子以自强不息。""自强不息"是中国传统文化的核心思想。孔子说："三军可夺帅也，匹夫不可夺志也。"这是顽强不屈、不断进取、自力更生、团结奋斗的精神。"大禹治水""精卫填海""女娲补天""愚公移山"都是这种精神的体现。

网上曾有文章说某地一个五年级小学生对"愚公移山"的故事提出质疑，认为它是不科学的。这个孩子说，为什么故事主人公一家子不能从山上搬下来居住？网上有赞成这种说法的。我认为，学生的创新思维是可贵的，过去教师说什么学生就学什么，现在学生会独立思考了，应该称赞。但是，教师要有引导，"愚公移山"是艺术作品，是神话故事，你不能用现代科学思维分析艺术作品，否则"愚公移山"等这些中国经典的神话故事就都是站不住的。教学中，学生是主体，但是主体并不等于说不要教师主导。艺术是艺术的思维，科学是科学的思维，你不能拿科学的思维来分析和要求艺术的思维。"愚公移山"是一个神话，这是艺术品，它所体现的精神我们应该继承，而不是说它的方法。教师要起到引导作用，因为我们中小学课本里有很多神话故事，集中体现了中华民族自强不息、团结一心的精神。

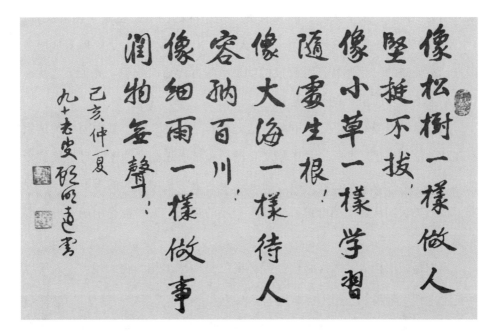

　　第三是贵和尚中。中华优秀传统文化重和谐，主张"和而不同"。朱熹把"中庸"视为世界的根本法则，人类的最高道德。《国语·郑语》说："和实生物，同则不继。"不同的事物在一起才能发展，相同的放在一起就会互相排斥，不会发展。就像我们的合唱团，有高音、中音和低音才会形成美妙的和声。世界万物都是如此。中国人顾全大局，重和谐、求稳定，促进了中华民族的大团结，也促进了和世界各国人民的友好往来。现在，我们国家的外交政策讲求"和而不同"，这也是我们中华民族的一种精神，这样整个世界就会丰富多彩。习近平总书记提出的"人类命运共同体"，我觉得这个提法就是继承了中华优秀传统文化精神。过去周恩来总理在印度尼西亚的万隆会议上提出处理国际关系的和平共处五项原则，也是讲和而不同，也是继承了中华优秀传统文化，体现了中国人的智慧。我们现在能够团结那么多世界各国的朋友，为什么？这就是我们中国人的智慧。

第四是矢志爱国。爱国是中国人最重视、最高尚的道德品质。中国人视家、国为一体。"天下兴亡，匹夫有责"是中国的格言，也是中国的美德。《大学》中讲"修身、齐家、治国、平天下"。读书是为了什么？就是要服务国家。范仲淹的《岳阳楼记》抒发的就是中国古代知识分子"先天下之忧而忧，后天下之乐而乐"的爱国思想。

第五是敬老爱幼。"父慈子孝，兄友弟恭，夫敬妇从"是中国人维护家庭和睦的伦理道德。"孝"是中华文化的一个核心思想，由孝父母扩展到爱他人，"老吾老以及人之老，幼吾幼以及人之幼"是中国人的重要美德。兄友弟恭、夫敬妇从是中国维护家庭和睦有序的责任。这些都是中国人的重要美德。

第六是诚信待人。"言必信，行必果"是中华美德。古人说："人所以立，信、知、勇也。"诚信是一个人的立身之本。孔子说："吾日三省吾身，为人谋而不忠乎？与朋友交而不信乎？传不习乎？"这都是在讲诚信。我们每天都要想一想，我们做的事情是不是诚信，跟朋友交往是不是诚信。这里讲一个很著名的故事。春秋战国时期，吴国公子季子佩剑路过徐国，徐国国君喜欢他的宝剑，但又不好明说。季子决心回国的时候送给他，但等到他回来的时候，徐君已经去世。季子就把剑挂在他墓上赠予他。这就是古人的一种诚信精神。

第七是勤劳节俭。《左传》中说："民生在勤，勤则不匮。"墨子也说："俭节则昌，淫佚则亡。"现代社会也需要勤劳节俭。勤劳生财富，节俭省资源。地球的资源是有限的，勤劳节俭也是为我们的子孙后代着想，能够使人类可持续发展。以色列地处沙漠，中国的人均水资源占有量还不及以色列，但是我们国人浪费水的情况还是很严重的。我在学生时代，老师就说我们国家地大物博，后来才知道其实我们国家的资源是非常贫乏的，所以今天仍然需要勤劳节俭。

第八是慎独自爱。朱熹说，所谓"慎独"，是指一个人在他人无所察知的时候也能自觉地遵守道德规范。这是道德的最高境界。所谓"自爱"，是指一个人要尊重自己的人格，不自暴自弃。慎独自爱是一个人修养的最高境界。"己所不欲，勿施于人"，这句话被广泛引用在国际上各种会议中，这体现了我们中国人的"慎独"思想。

中华优秀传统文化既包含了中华民族5000多年来创造的文化，也包含了中国共产党领导中国人民求解放的革命文化以及新中国成立后社会主义建设中形成的文化，所以我们今天在这里讲弘扬中华优秀传统文化，应该包括三个方面。比如，长征精神、延安精神、"两弹一星"精神等，都值得我们继承和发扬。

我们现在一讲"国学"，总是讲经典的、典籍的文化，其实在自然科学里我们也有很多发明、很多传统。2017年是徐霞客诞辰430周年，他是中国非常博学的地质学家。他描写的广西溶洞，现在我们去考察，依旧是他当时考察的那种面貌，这种精神也是值得传承的。此外，古代自然科学领域的文化，既包括了汉族文化，也包括了少数民族文化，因为我们是一个有56个民族的多民族国家，汉族人口占91%多，少数民族人口占8%多，虽然是少数，但也是我们大家庭中的一员。

开展优秀传统文化教育应该注意的几个问题

首先，我们要有所选择、有所创造。习近平总书记说，弘扬中华民族优秀传统文化，不是复古，不是盲目排外，而是要辩证取舍，推陈出新，摒弃消极因素，继承积极思想。所以，我们传承"传统文化"一定要加上"优秀"两个字。传统文化毕竟是过去的文化，其中也有一些糟粕和落后于时代的东西，有些内容是封建社会的思想，如男尊女卑、三从四德、轻视劳动等，因此，教育要对传统文化有所选择。

我觉得教育对文化的功能，一个是选择的功能，一个是创造的功能，还有一个是解释的功能。对于中国传统文化，不是拿过来就用，还要有选择、有解释。所谓创造，就是要结合时代特点，推陈出新。中国是重视"忠"和"孝"的国家。但过去是忠于帝王君主，今天应该是忠于祖国、忠于人民。过去是愚孝，"父母在，不远行"，子女要守候在父母身边。现在则主要是感恩父母的教养，用事业、工作的成就回报父母。每个人心里装着对父母的爱，"常回家看看"。

其次，开展中华优秀传统文化教育，要以课堂教学为主，不必另搞一套。我们的课程教材里充满了优秀传统文化的内容，特别是语文和历史的教材都增加了反映优秀传统文化的内容，我们要把这些教材内容用好，结合课堂教学，引导学生阅读一些经典著作，而不是另搞一套。学校要结合课程和教材，让学生多读一些经典著作。

语文、历史之外的其他课程也可以挖掘中华优秀传统文化的要素，比如音乐课、舞蹈课、美术课和体育课，即使是自然科学课程也可以挖掘许多我们中华优秀传统文化的内容。比如地理课，就可以讲徐霞客，数学课就可以讲《九章算术》，可以讲圆周率等。在课程设计里可以增加一些有关中华传统文化的课程，可以开设一些校本课程，比如音乐、舞蹈、绘画、书法，等等。我认为，开设这些课程不必求全，要因地制宜，结合当地特点、学校条件来设置，有什么就开什么，不必什么课程都开。中华优秀传统文化的内容十分丰富，一些少数民族的校本课程可以结合少数民族的特色进行开发。

再次，课外校外活动也是进行中华优秀传统文化教育的有效途径。学校可以根据学生的兴趣爱好、办学条件开展课外兴趣小组，开展研学旅行。2016年，教育部等11部门印发了《关于推进中小学生研学旅行的意见》。我认为，研学旅行也是进行中华优秀传统文化教育的一个好方式。学校组织学生去看博物馆、文化馆，去旅行，在此过程中，可以对学生进行优秀传统文化的教育。学校应该把研学旅行作为一门课程来组织，不要因为组织活动有风险而因噎废食。从培养学生的角度来讲，对孩子有益处的事情，我们就要做，但是要做得细致周到一些。比如研学旅行，教师要先去探路、安排，只要做得认真细心，安全问题是可以避免的。学生在旅行中访问名胜古迹，讲述历史故事，他们会更形象、更生动地受教育。

最后，进行中华优秀传统文化教育要重视它的基本精神，避免形式主义。有的学校进行所谓"国学教育"，让学生穿汉服、戴官帽，摇头晃脑地读《三字经》，我觉得这样做个表演可以，但是如果把它作为一门课程，就很不合适了。此前报纸上竟然还报道某地一所学校为了开展"孝"的教育，让全校孩子在操场上为妈妈洗脚。洗脚本来是个人的私事，年轻的妈妈也用不着小孩来洗脚，对不对？报纸还把这个活动公开报道了，一操场的孩子给妈妈洗脚。中国人传统教育里有个"雅"字，这是很重要的。这种行为很不雅观，我看了很不舒服。这都是形式主义的。

我觉得，进行中华优秀传统文化教育，不能搞形式主义，要讲求精神实质。当今的时代是一个全球化的时代、开放的时代、创新的时代。在开展中华优秀传统文化教育的时候，我们不能忘记当今时代的特点，要赋予时代精神，培养活泼开朗、有创新精神的人，而不是培养唯唯诺诺的老夫子。

（原载《人民教育》，2017 年第 23 期，略有改动）

新时代比较教育的新使命

——纪念改革开放 40 周年

2018 年是我国改革开放 40 周年，也是我国比较教育学科重新建立的 40 周年。新中国成立以前，虽然我国老一辈教育学者已经为比较教育学科建设打下了一定的基础，但其间中断了几十年。直到改革开放以后，我国教育学者才重新开始比较教育学科的建设。其标志是 1978 年 7 月在北京师范大学召开的全国外国教育研讨会，全国有 5 所大学 70 余人与会，至今整整 40 年。40 年来，我国比较教育学科建设有了较大的发展，许多师范大学都建立了比较教育研究机构，研究队伍发展壮大；研究成果丰硕、国际交往频繁，比较教育已经成为教育学科中一支不可忽视的力量。

比较教育是比较研究世界各国教育改革、世界教育发展动向的一门学科。它立足中国、放眼世界，吸收各国教育改革的经验，追踪世界教育发展的趋势，促进我国教育的改革和发展。我国比较教育是在改革开放以后才真正建立起来的，是改革开放的产物。40 年来，比较教育介绍各国教育现代化发展的历程和改革经验，引进各种现代教育思潮，参与国际教育论坛，不仅促进了我国教育改革和发展，而且也促进了国际间文化教育交流。

今天，中国特色社会主义进入了一个新时代。习近平新时代中国特色社会主义思想为新时代我国社会主义建设做出了新部署，提出了新举措。习近平站在人类社会发展的高度提出"人类命运共同体"的主张，并提出"一带一路"的倡议，旨在为人类发展创造一个共建、共荣、共同发展的局面，促进世界和平。

实现新时代的新任务，教育肩负着重要的责任。习近平提出的"教育决定着人类的今天，也决定着人类的未来"的论断，阐明了教育在人类发展中的重要作用。

新时代比较教育面临着新的挑战和新的机遇，我国比较教育应该更加有所作为。如果说，10 年以前还有人在说比较教育的身份危机，那么这 10 年中比较教育学者深感任务之艰巨。特别是"一带一路"倡议的提出，使我们眼睛一亮。长期以来，我们的研究主要集中在发达国家的教育改革，虽然从 20 世纪 90 年代开始，逐渐开展对发展中国家教育的研究，但数量极少，未成气候。"一带一路"倡议的提出，才使我们发现，我们对沿线国家的教育几乎一无所知。因此，比较教育应该尽快组织力量研究"一带一路"沿线国家的教育，配合"一带一路"的建设。"一带一路"跨越了欧亚大陆，沿线国家制度不同、经济发展水平不同、民族文化风情不同。比较教育研究者不仅要掌握该国通用的语言，还应该了解当地的民风习俗，这样才能对该国的教育改革有较深入的了解。

改革开放 40 年来，我国经济社会发生了巨大的变化，国际地位日益提高，世界需要中国参与国际教育治理，但是我国参与国际教育治理的能力有待提高。比较教育应该研究国际组织参与国际教育治理的策略和规则。如联合国教科文组织、世界银行、经济合作与发展组织、儿童基金会等国际组织都有专家队伍，研究教育的发展趋势，几乎每年都会发表教育报告。我们亟须关注他们的动向，研究他们的观点及其背景，使我们能够更好把握世界教育改革和发展的走向。目前国际组织中缺少中国籍员工，缺少中国声音。虽然比较教育研究机构不是培养国际人才的教学机构，但是有责任介绍国际组织在参与国际教育治理方面的情况，探讨国际人才的标准和规则，为国际人才培养提供参考。

当今世界已经进入信息化、人工智能时代，信息化必然会引起教育的变革。世界各国都在研究未来教育的发展及人才培养模式的转变。比较教育不能无视这种变革。长期以来，我国比较教育较为重视各国教育政策的研究，较少研究课程、教学、评估等微观层面的问题。教育的终极目的是培养适应时代的人才。随着教育信息化的发展，教育生态的变化，培养人才方式的变革必然成为教育研究的热点。比较教育需要吸引多学科人才，共同研究未来教育的种种问题。

我们一直认为，比较教育不仅是教育科学群体中一门分支学科，而且是国际教育交流的平台。比较教育是一个跨地区、跨文化的研究领域。我们研究不同国家、不同地区的教育，但是我们不可能到这些国家去做长期深入的田野调查，因此我们需要吸收研究对象国、对象地区的学者来参与研究，通过他们获取第一手资料。我们要把比较教育办成国际教育交流平台，定期举行国际研讨会，这才会有利于我国比较教育的发展。

比较教育不是外国教育，需要立足中国、放眼世界。比较教育研究者需要胸中有中国，不能只埋头于外国文献资料之中，需要与我国教育联系起来进行思考。一方面，我们要借鉴外国经验促进我国教育发展；另一方面，我们也要利用国际教育交流平台，把我国教育改革的经验介绍给世界。

长期以来，之所以存在着所谓比较教育身份危机的声音，就在于比较教育还缺乏一套完整的理论体系和知识体系，缺乏对比较教育的本体论、价值论、实践论、方法论的深入研究。这是比较教育学科建设避不开的问题，需要有一个团队来进行研究，争取在国家"十三五"规划期间有所突破。

比较教育在发达国家已有较长的历史，出版了重要的著作，特别是美国出版发行的《比较教育评论》和英国出版发行的《比较教育》两个刊物，在比较教育研究和发展中发挥了重要作用。几十年来这些刊物关注了什么问题？在 20 世纪下半叶和 21 世纪初这十多年来，国际风云变幻、教育改革频繁，这些刊物做出了什么反映和评论？这对于我国了解和认识世界教育的昨天和今天，都有重要的意义。但是国内似乎还没有人研究。我们对比较教育自身的研究还很不足，谈何比较教育的身份危机？比较教育的学科建设，不仅要紧密联系实际，研究现实问题，而且要研究历史，以史为鉴，才能理解今天，预测明天。

北京师范大学人文社科重点研究基地比较教育研究中心，肩负着学术研究、人才培养以及国际教育交流平台、教育信息库和教育改革智库建设的使命，需要在新时代迈出新的步伐，做出新的成果，为我国教育现代化做出应有的贡献。

（原载《比较教育研究》，2018 年第 8 期，略有改动）

回顾过去，瞻望未来

改革开放 40 年来，我国教育取得了举世瞩目的伟大成就。这些成就很难在短短一篇文章中说得周全，但我想用五句话来做一个简单的概括。

第一，教育观念的转变。在解放思想的路线指导下，我们对教育的认识越来越深刻，越来越全面。特别是党的十八大以来，习近平总书记提出了"以人民为中心"的思想。教育是社会公平的基石，强国必须强教。党的十九大报告把教育放在提高保障和改善民生水平的首位，提出"建设教育强国是中华民族伟大复兴的基础工程，必须把教育事业放在优先位置，深化教育改革，加快教育现代化，办好人民满意的教育"，培养德智体美劳全面发展的社会主义建设者和接班人。

第二，教育事业的发展。短短 40 年，我国学前教育已提前完成了《国家中长期教育改革和发展规划纲要（2010—2020 年）》提出的到 2020 年的指标，2017 年毛入园率达到 79.6%；全面实现了九年免费义务教育；高中阶段教育基本普及，2017 年毛入学率为 88.3%；高等教育，包括研究生教育实现了跨越式发展，各类高等教育在校学生总规模达到 3779 万人，高等教育毛入学率达到 45.7%。现在全国有 2.7 亿人在各级各类学校学习。

第三，教育法制逐步完善。这是 40 年来最重要的制度创新成果。1980年颁布了《中华人民共和国学位条例》，这是我国第一部有立法意义的条例。

1986 年 4 月 12 日，六届全国人大四次会议通过了第一部教育法《中华人民共和国义务教育法》，2015 年进行了修订。40 年来，我们制定了《中华人民共和国教师法》《中华人民共和国教育法》《中华人民共和国高等教育法》《中华人民共和国职业教育法》《中华人民共和国民办教育促进法》等，并根据教育事业的发展进行了修订，使教育治理有法可依。现在希望尽早制定学前教育法，使学前教育的发展也得到法律保障。

第四，教育科学的繁荣。40 年来，中国特色社会主义教育理论体系初步形成，教育理论有较大发展。教育科学的繁荣呈现了如下一些特点：一是改变了以前一本教育学一统天下的局面，恢复和创建了许多新兴学科，如教育哲学、教育经济学、教育社会学、比较教育学、课程论与学科教学论等，研究成果累累；二是教育理论研究重视宏观战略研究，为我国教育事业发展的科学决策做出了一定贡献；三是教育科学研究从书斋走向基层，教育理论工作者与广大学校和教师共同开展教育研究，把教育改革落到实处，不仅提高了教育质量，而且积累了丰富的经验。

第五，从请进来到走出去。改革开放初期，我们打开窗户，发现世界教育已经走向现代化。于是我们如饥似渴地引进西方教育的先进理念和教育改革经验，逐渐使我国的教育恢复起来，教育事业得到迅速的发展。20 世纪 90 年代，我国学界开始走自己的路，创造中国特色社会主义的教育理论和经验。特别是上海在 PISA（国际学生评估项目）中数次名列前茅，让外国学者对中国教育刮目相看。世界也在学习中国教育经验。我国多部教育著作已经翻译成外文出版，讲好中国教育故事是今后教育工作者的任务。十多年前，高等教育出版社就与 Springer 出版社合作出版了英文版 *Frontiers of Education in China* 杂志，受到外国学者的重视。这都是中国教育走出去的标志。我们既要不断吸收世界优秀文明成果，又要讲好中国教育故事，让世界了解中国。

面向未来，中国教育界应以习近平新时代中国特色社会主义思想为指导，贯彻落实党的十九大精神，深化教育改革，发展素质教育，推进教育公平，让每个孩子享有公平而有质量的教育。

（原载《教育家》，2018 年第 8 期，略有改动）

教育硕士专业学位的建立和发展

改革开放 40 年来，我国基础教育教师队伍的建设取得了巨大的成就。其中教育硕士专业学位的建立是一个在教师发展史上具有里程碑意义的事件。

改革开放初期教师队伍合格率较低，亟须大力发展师范教育

教育硕士专业学位建立的起因可以追溯到 20 世纪 80 年代。当时，基础教育的教师队伍受到了严重的破坏。20 世纪 80 年代初期，我国教师队伍合格率很低。据《中国教育年鉴（1949—1981）》统计，1981 年，全国有小学教师 558.01 万人，其中公办教师 232.81 万人，占小学教师总数的 41.7%；民办教师 325.2 万人，占小学教师总数的 58.3%。558.01 万小学教师中，具有中等师范学校或高中毕业及其以上学历的 288.8 万人，占 51.8%；具有初中毕业学历的 214.43 万人，占 38.4%；具有初中肄业及以下学历的 54.78 万人，占 9.8%。全国有初中教师 234.95 万人，其中公办教师 164.15 万人，占总数的 69.9%；民办教师 70.8 万人，占 30.1%。具有高等师范学校或其他高等学校本科毕业学历的 9.93 万人，占 4.2%；具有高等师范学校或其他高等学校专科毕业学历的 31.38 万人，占 13.4%；具有中等师范学校或高中毕业及其以下学历的 193.65 万人，占 82.4%。全国有高中教师 49.45 万人，其中

公办教师 48.75 万人，占高中教师的 98.6%。高中教师中具有高等师范学校或其他高等学校本科毕业学历的 17.79 万人，占 36.0%；具有高等师范学校或其他高等学校专科毕业学历的 17.2 万人，占 34.8%；具有中等师范学校或高中毕业及其以下学历的 14.46 万人，占 29.2%。

从以上的统计可以看出，当时我国教师队伍中民办教师的比率很高，总体学历偏低，教育水平不高。为了扭转这种局面，党和政府大力发展师范教育，恢复和重建师范院校，加强教育学科的建设。1980 年，教育部委托北京师范大学编写中等师范学校教育学和心理学教科书。心理学由北京师范大学心理学系彭飞教授牵头编写，教育学则由我牵头编写。为此，我们编写组三人访问了成都、重庆、武汉、长沙、杭州、上海等地的中等师范学校，与中师教师、中小学教师座谈，听取他们对教材和教学的意见。在这个过程中，有一件事对我触动很大。在武汉调研时，我们住在湖北省委招待所，同屋住着一位劳动人事部门的干部。我们在闲谈中说到，改革开放之前，知识分子不被重视，经济收入"体脑倒挂"。我说："小学教师地位更低，收入更少。"那位干部却说："小学教师算什么知识分子?"我说："小学教师教学生知识，怎么不是知识分子?"他说："你看，现在半文盲都在教小学。"他的话使我十分震惊，深感要提高教师社会地位，使教师受到社会尊重，必须首先提高教师的水平。

教师要得到社会的尊重，本身要有较高专业水平

20 世纪 80 年代，有识之士都在呼吁重视教育、尊重教师。时任教育工会主席方明同志等在全国政协会议上提案建议建立教师节，时任北京师范大学校长王梓坤更是在报上呼吁建立教师节。在全社会的呼吁下，1985 年第六届全国人大常委会第九次会议通过了国务院关于建立教师节的议案，会议决

定将每年 9 月 10 日定为教师节，广大教师终于有了自己的节日。此后每年的教师节，中央领导都要走进学校慰问教师、发表讲话，各地也都有颁奖、庆祝等活动。

我始终认为，教师要得到社会的尊重，自身必须要有较高的专业水平和高尚的师德。我曾在 1989 年 5 月的《瞭望》杂志上发表了一篇短文《必须使教师职业具有不可替代性》。我认为，任何一个职业，只有具有不可替代性，这个职业才能有社会地位，才能受到社会尊重。如果一个职业是任何人都能担任的，则这个职业不可能有较高的社会地位和经济收入。这是社会的一条铁的规律。于是，我一方面建议加强师范教育，另一方面向国务院学位委员会建议建立教育硕士专业学位。我认为，不仅要提高一般教师的专业水平，还要给青年教师提供专业进一步提升的机会，世界发达国家的中小学教师已经较普遍地达到研究生水平。那时，我正任北师大研究生院院长，在 1993 年，我率先在北京师范大学附中、实验中学、二附中和北京十一学校办起了研究生课程班，培养骨干教师。后来，全国许多师范大学也都办起了研究生课程班，在提高教师专业水平方面起到了一定的作用。在学位委员会学位办公室的协助推动下，1996 年国务院学位委员会第 14 次会议通过建立教育硕士专业学位。这是专门为中小学教师设立的一个职业性学位，从此中小学教师有了攻读学位的机会。

经国务院学位委员会通过建立教育硕士专业学位以后，我们就积极行动起来。1996 年 9 月由学位办公室在东北师范大学召开了第一次专家委员会会议，成立了专家小组，开始制订培养计划、课程方案。1997 年，教育硕士正式招生，但由于计划内研究生招生名额的限制，当年只招了 177 人。我国有上千万中小学教师，每年只有这么少的招生名额，什么时候才能提高我国教师的整体水平？第二年在学位办公室谢桂华副主任提议下，教育硕士专业学位改为计划外招生，由招生单位联考，研究生毕业授予学位，但没有学历。

研究生不脱产学习 3~4 年，其间必须累计在大学学习一学年。这样 1998 年就招收了 1400 人，1999 年增加到 2000 人，2002 年达到 8000 人。同时，学位办公室正式成立了"全国教育硕士专业学位教育指导委员会"（以下简称指导委员会），我担任了第一、第二届委员会的主任，直至 2004 年卸任，副主任为叶澜、沈德立。指导委员会除制定培养方案外，主要是指导、监督、检查各授权学校在培养研究生方面的工作，保证质量。

要以质量为生命线，培养"四有"好老师

建立教育硕士专业学位的必要性主要有以下几个方面。

第一，提高中小学教师学历水平、专业能力，是建设教育强国的需要。教育大计，教师为本。有了好老师才能培养出好学生。建立教育硕士专业学位是培养研究型好老师、提高教师专业能力的重要途径。教师在研究生阶段不仅会学到先进的教育理论，而且要与自己的教育实际结合起来，研究教育教学中的问题，写成论文，进行答辩，从而提高教师的教育水平和研究能力。

第二，实现教师专业化。第二次世界大战以后，科学发展日新月异，20世纪五六十年代在西方发达国家就进行了新课程改革，提出实现教育现代化的主张。20 世纪 80 年代，世界上发达国家的小学教师都必须有大学本科学历、中学教师必须有研究生学历。我国中小学教师学历层次太低，学业水平较低，不能适应教育现代化的发展要求。但我国中小学教师队伍庞大，不可能一下子达到发达国家的水平，必须培养一部分骨干教师，让他们带动其他教师的提高。

第三，实现教师专业化，才能提高教师的社会地位，使教师受到社会的尊重。前面已经提到，社会上的职业，只有专业化，具有不可替代性，才有社会地位。任何人都可以担任的职业是不可能有高的社会地位的，这是社会

发展的一条铁的规律。如果我国教师队伍中有一大批高学历、高水平的好老师，社会上对教师就会刮目相看，教师就会受到家长的信任、社会的尊重。

第四，有利于吸引优秀青年从事教师职业。青年人总是求上进的，总希望在工作之后还有进修提高的机会。教育硕士专业学位的建立，为青年教师进修提高提供了最有效的途径，受到青年教师的欢迎。

教育硕士专业学位建立 20 多年来，已经有 32 万余人攻读，20 余万名中小学教师获得了硕士学位。2008 年，国务院学位委员会第 26 次会议通过《教育博士专业学位设置方案》，决定在我国设置教育博士专业学位，开展教育博士专业学位教育工作。2010 年，北京大学等 15 所试点院校开始招收教育博士专业学位研究生。截至 2017 年已招生 1304 人，已有 280 名中小学教师获得博士学位。

2018 年 1 月 20 日，中共中央、国务院印发了《关于全面深化新时代教师队伍建设改革的意见》（以下简称《意见》）。这是新中国成立以来党中央出台的第一个专门针对教师队伍建设的政策文件，具有里程碑的意义。这是贯彻党的十九大精神，以习近平新时代中国特色社会主义思想为指导，深化教育改革的重大战略决策。《意见》明确提出，全面深化新时代教师队伍建设改革，目的是要培养造就党和人民满意的高素质、专业化、创新型教师队伍。

《意见》的出台为办好教育硕士、博士专业学位的建设指明了方向。今后，教育硕士、博士研究生教育要以质量为生命线，以习近平新时代中国特色社会主义思想为指导，把思想教育与专业教育结合、理论与实际结合起来，使他们成为有理想信念、有道德情操、有扎实学识、有仁爱之心的"四有"好老师。

（原载《中国教育报》，2018 年 10 月 25 日，略有改动）

当前中国基础教育的任务与改革方向

我们的教育如果要改变，就要找出问题所在。当前教育的问题是什么？我觉得，那就是还没有摆脱应试教育的困境。正因为此，学生的学习负担重，学生被学习、被教育的状况依旧没有改变。教师和家长逼着学生学习，这样的教育是没有希望的。

基础教育的任务

中国教育处在从数量发展到质量提高的关键时期。提高教育质量，要明确基础教育的任务。我觉得基础教育主要是要打好三方面的基础。

第一，打好学生健康成长的基础。

接受教育是每一个公民的权利，是每个学生的权利，健康成长是每个学生的基本要求。学生健康成长关系到民族的未来、家庭的幸福和个人的成长。现在的学生多数来自独生子女家庭，过多的营养，过多的爱护，再加上课业负担重，使他们没有足够的锻炼身体的时间，导致身体不够健壮，这非常不利于他们的成长和成才。

教育的核心素养是什么？除了身体，还有心理健康，就是社会情绪。联合国教科文组织提出的核心素养，第一项是身体健康，第二项就是社会情绪。

社会情绪主要是指一个人的思想品格，即怎么对待自己、他人和社会。我们过去很不关注学生的心理健康，有的父母很少管教孩子，使得孩子出现一种自我中心的倾向，不能与他人合作和沟通，这种状况会影响他的一生。如果孩子在幼儿园或小学阶段有这种情绪，会影响到他将来的生活和工作。因此，我们要关注孩子身心健康养成的早期阶段，尤其是小学阶段。

第二，打好学生终身学习的基础。

我们现在要普及高中教育，高等教育毛入学率也很高了。升学固然很重要，但学生进一步学习并不等同于升学。我们并不反对考试，但是我们不要应试教育。考试是需要的，为考试做准备也是需要的，但我们不要把考试作为目的，它只是一个手段，用来检验学生的成绩，检验教学结果，以此来改进教学，当然也为了选拔。

什么叫应试教育？它是以考试为目的的教育。基础教育更重要的是要培养学生终身学习的意识和终身学习的能力，为他们的进一步学习打基础，为终身学习打好基础。《国家中长期教育改革和发展规划纲要（2010—2020年）》讲到，素质教育是战略主题，德育为先，能力为重，培养人的全面发展和个性发展相结合。

当今社会瞬息万变，培养学生的能力是多方面的，主要是要培养学生的思维能力、创新思维。我们在教学过程当中要注意培养学生的思维，学生只有具备思维能力，才能够有创造性。习近平总书记也强调，教师要做创新思维的引路人。

第三，打好学生走向社会的基础。

学生将来总是要走向社会的。走向社会，就要能够和他人沟通，懂得尊重他人、理解他人，能够与同伴共处；就要对社会有正义感、有责任心、讲诚信、有爱心；同时要有社会公共意识、法制意识，有自我调节、自我控制、自我管理的能力。这些良好的社会情绪都要从小培养。

基础教育首要的任务是打好这三方面的基础，即打好学生健康成长的基础、终身学习的基础和走向社会的基础。根据这三个基础，我们来设计怎么把小学教育和中学教育办好。

教育改革要从"教"转变到"学"

当前教育改革的切入点是什么？从宏观上来讲，还是促进公平，提高质量；从学校角度来讲，就是要改变人才培养模式。《国家中长期教育改革和发展规划纲要（2010—2020 年）》中提出六大改革，其中第一项改革就是人才培养模式的改革，这个跟教育观念有关。教育观念不改变，人才培养模式也很难改变。

人才培养模式需要改变什么呢？一句话，就是从"教"到"学"的转变。对于教学，过去我们的重点都是放在"教"上，而没有放在"学"上。现在，我们要从"教"转变到"学"。2015 年，联合国教科文组织发布了一份重要的研究报告——《反思教育：向"全球共同利益"的理念转变?》（以下简称《反思教育》）。这份报告就是针对当前的各种挑战、各种矛盾提出来的。

联合国教科文组织提出，反思教育要以人道主义为基础，要还原教育的本质，同时也提到终身教育。教育是人类的共同事业，知识是人类的共同财富，由人类共享。过去的教育往往重视教育的结果，而不重视教育的过程。所以要重新定义学习，学习要以学生为主体。教育是什么？教育是尊重生命，尊重人类，尊重和平，为社会可持续发展承担责任。特别是对弱势群体要给予照顾，使所有的人群都能受教育，包括少数民族、土著人、残疾人等。

这里有两个观点我觉得值得研究。一个是要重视学生的个性，以学生为主体。另外一个是要重视学习，是共同学习而非个人孤立的学习。所以要辩证地理解这个问题。

长期以来，我们习惯于教师教学生学，这个问题到今天已经逐渐改变。学生是教育的主体，我在 1980 年就已经提出。当时大家接受不了，因为我们长期以来提倡的是教师的主导作用，如果以学生为主体，那教师的主导作用体现在哪里呢？1993 年，我在一篇文章中指出学生的主体作用和教师的主导作用这两者是不矛盾的，是辩证的关系。

1993 年，中国有 7 所学校包括上海一师附小、北京一师附小、无锡师范附小、南京琅琊路小学、成都龙江路小学、广州八旗二马路小学、沈阳铁路第五小学等在全国首批实施愉快教育。当时他们将总结的经验拿给我看，我表示赞成。但有很多学校特别是重点中学的校长提出质疑，认为学习是刻苦的，怎么愉快啊？我说不对，不愉快就不会刻苦，两者并不矛盾。只有愉快了才能刻苦，有兴趣了就不觉得是强迫他学习，也不觉得学习是那么苦的差事。我的教育信条是没有兴趣就没有学习。

我觉得当前教育最大的弊端就在于被学习、被教育，学生不是按照自己的兴趣去学习。家长让学生从小去上这个补习班、那个补习班，问过学生喜欢吗？上了奥数班，他喜欢数学吗？所谓愉快不等于不要学习，打打闹闹嘻嘻哈哈。愉快教育指的是以一种愉悦的心情，在学习里获得成功，从而获得喜悦和满足感。我们做教师的要为学生担忧。担忧什么？担忧他们将来对什么都不感兴趣，变成一个庸庸碌碌的人。

怎么能够使学生愉快地学习？就是要把教转化为学，启发学生的主体性，让学生自己来学习。什么叫好的教育？好的教育就是适合每个学生发展的教育，这也是最公平的教育。我们现在提个性化学习。工业社会，这种个性化学习很难做得到，因为一个班很大，是工业化的一种标准。

日本教育学会会长佐藤学教授说，以前小学课桌是一排一排的，现在是马蹄形的、圆形的，是小组的形式。现在的教师讲得比较少，不像过去那样满堂灌，主要是由教师提出问题，学生小组讨论。但我发现小组讨论时，总有几个是比较积极的学生，也总有一两个学生不积极，只是在旁边听其他人发言。那么这一两个学生是不是也参与了学习呢？对此，佐藤学教授的意见是，学习小组不能太大，四人组是最好的，可以让每一个学生充分发表意见。这是一种从"教"转到"学"的过程。

教师提出问题让学生学，还是让学生自己提出问题来，到底哪种方式更好呢？我们要培养学生的思维能力，就要让学生去发现问题，提出问题，同时，通过他们自己讨论来解决问题。学生的理解力可能比我们想象的还要好，我们往往低估了学生的能力。

教育改革要认识到互联网对教育的影响

我们提倡个性化教育，不要理解为个别的教育。培养个性化的教育是培养学生的个性，找到适合每一个学生发展的方法和路径。《反思教育》中讲到，学习不是孤立的，是要通过和同伴、教师共同讨论来进行的。现在有一些家长，由于不满意我们的教育现状，就让儿童待在家里学习。据统计，当前在家学习的儿童全国大概有好几万，数量不少。问题是，把孩子关在家里学，不一定就能学好。个人的发展离不开集体的发展，我觉得这个理念也是值得注意的。我们提倡个性化，但个性化并不等于个别化。

当前已经进入了互联网时代，随着信息技术的发展，互联网正在颠覆着传统教育。教育是未来的事业，我们的眼光应该面向未来。现在小学生，还有十多年才能走向社会，十多年以后社会是什么样的，大家谁能预测？现在的学生已经生活在互联网时代了，都会玩手机，玩 iPad。所以，我们的基础教育要有前瞻的眼光。我们要改变教育形态、教育环境、教育内容、教育方法以及师生关系。

第一，互联网改变了教育环境。

教育已经不限于学校里，不限于课堂上，不限于教师讲的内容。互联网海量的信息，大大扩展了教育学习的领域，使学生学习的内容更丰富了。

第二，互联网改变了学习形式。

互联网为个性化学习提供了有利条件。过去教师是按照中等水平的学生来备课，那么聪明的学生就吃不饱，学习能力弱一点的学生就比较吃力，或者对某一些方面没听懂，往往会影响其今后的学习。学生为什么会变成学困生呢？主要是因为他在某一点上没有跨过去。

如果按照中等生水平备课，我们往往照顾不到各个方面。现在"互联网+教育"可以为个性化学习提供条件。天资比较好一些的学生，教师可以多布置一点课外学习；学习能力弱一点的学生，教师可以与他在网上互联从而不断地帮助他。

我曾经在法国参观过一所小学，看见一个学生在图书馆看书，不在教室里上课。我就问他的校长，这个学生怎么不到课堂里去？他说这是教师允许的，这个学生说今天教师讲的课他已经会了，不用在课上再听了，教师就容许他到图书馆自己学习。我想，这就是灵活地对待每个学生。这是好多年以前的事情，现在的互联网环境，我们更有条件这样做了。

第三，互联网改变了师生关系。

教师已经不是知识的唯一载体。过去是教师讲课本的内容给学生听，而现在学生可以从各方面获得知识，教师不再是知识的权威。那么教师是什么呢？互联网是不是可以取代教师呢？《反思教育》中讲到：学校不会消亡，教师不会消失。学校为什么不会消亡呢？因为学生走出家庭后，学校是他走向社会的第一步。教师为什么不会消失呢？因为教师要来引导学习、指导学生。

教师在互联网时代发挥什么作用呢？第一，教师是设计者，要为每个学生设计适合他的学习方式；第二，教师是指导者，指导学生怎么获取有用和有益的信息；第三，教师是帮助者，当学生有学习上的困难或生活上的困难时，教师要对其加以关怀；第四，教师和学生应该是共同学习的伙伴。教师要充分地理解学生，充分地认识学生的学习能力，和学生一起来学习，一起来发展，在这个过程中来反思我们的教学和教育行为，丰富我们的教育资源。我觉得教师的成长应该在课堂上，这个课堂指的是大课堂，包括课外活动、社会实践等。

教育改革的重点在于课堂教学改革

当前改革的重点要放在哪里？从宏观来讲，促进教育公平，这是教育行政部门的事情；从基层学校来讲，工作重点应该放在课程和教学上，即上好每一节课，教好每一个学生。我发现有一些学校本末倒置，将学生的课外活动搞得很多，非常丰富多彩，但是对课堂教学并没有认真地开展研究，上课质量没有明显提高。我最近到一所学校，听了两节课，发现在今天这样的时代，学生还是背着手规规矩矩坐在那里听讲，非常落后。我们在 20 世纪 80年代就反对让学生背着手听课了，学生是学习的主体，要让课堂活跃起来。

我觉得，我们应该还是要踏踏实实把课堂教学做好。课程标准有了，还要靠我们去整合，还要靠教师来实施课程标准的要求。我们的精力应该放在教学改革上，放在课堂教学的改革上。

有人对"把学校办出特色"提出异议，说我们的教育标准、教育要求是一样的，办什么特色？这里就要对办出特色有一个正确的理解，不是开个什么特别的课就叫特色。所谓特色是要根据学校的历史、环境、氛围、文化建设等提出一个共同的愿景和理念，让全校师生都能认同这个愿景和理念，一起来奋斗。

我们现在到了一个转型的时期，不光是教育的发展在进行从数量到质量的转变，我们的时代发展也在转型。教育必须跟上时代的要求，并且要有前瞻性，培养未来社会的公民。

（选自 2016 年 11 月 11 日在首都师范大学初等教育学院附属学校教学研讨会上的讲话）

谈谈未来教育的逻辑起点

当前，未来教育已经成为各界热议的话题，特别是信息技术界对未来教育充满了憧憬。但是当前的议论总是以技术的发展为逻辑起点，认为信息化、数字化正在改变教育，但同时又不满意教育变革那么缓慢。有人认为，几个世纪以来，什么都变了，只有教堂和学校没有变。确实，自 20 世纪中叶电子计算机发明以后，信息技术飞速发展，陆续被应用到军事、金融、医学等领域，使这些领域发生了翻天覆地的变化，但学校的变化甚微。

在人类发展史上，科学技术的发展经过了漫长的岁月，开始是独立进行的，与生产没有多少联系。但科学技术一旦与生产相结合，就使生产发生了巨大变革。正如恩格斯所指出的，蒸汽机和新的工具把工场手工业变成了现代大工业，从而把资产阶级的整个基础革命化了，工场手工业时代迟缓的发展进程变成了生产中真正的狂飙时期。工业革命也带来了教育的革命，由原来的手工业式的个别教育改变为集体教育，班级授课制就是在这个背景下产生的，从而大大提高了教育的效率。正如联合国教科文组织的研究报告《反思教育：向"全球共同利益"的理念转变?》（以下简称《反思教育》）所说的："从规模上看，当前的学习格局变化可以同 19 世纪出现的从传统的工业革命前教育模式向工厂模式的历史性过渡相提并论。"① 所以，有的学者认为，现在的学校制度和班级授课制是工业化的产物，在信息化时代，这种制度应该改变。信息化为个性化学习创造了条件，班级应该打散，学校应该消亡。

但是，多数学者否定了这种观点。我认为，技术的进步对生产来讲，可以产生颠覆性的变革，电子商务可以把实体商店颠覆掉，但没有力量把学校颠覆掉。我们常说，信息技术的发展正在引起教育的一场革命，它使教育生态发生了变化，学习环境在变化，学习内容在变化，学习手段在变化，师生关系在变化。但是学校教育的变革是十分缓慢的，有些是不变的。

首先，教育的育人本质不会变，立德树人这个目标不会变。教育的内容（课程）、教育方式、评价标准都不能离开教育的终极目标。为什么说几个世纪以来，教堂和学校没有变化？因为教堂和学校都是塑造人的心灵的地方。人的心灵是要靠人的心灵来培养的，要靠文化的积淀。学校是文化的殿堂，是一个民族传承文化最集中的地方。教师是一个人从蹒跚学步到独立生活的引路人。人是要靠人来培养的，技术替代不了，技术只是手段而已。

其次，即使远程教育、慕课、虚拟现实等运用信息技术的学习方式和方法，使教育的组织结构、方式方法发生很大变化，但师生的群体组织颠覆不掉。因为儿童总是需要在一个群体里成长，即使不把这种群体组织称为学校，但儿童的学习群体总是要存在的，而且儿童最终要走向社会。正如《反思教育》所说的："学校教育的重要性并没被削弱。学校教育是制度化学习和在家庭之外实现社会化的第一步，是社会学习——学会做人和学会共处——的重要组成部分。学习不应只是个人的事情。学习作为一种社会经验，需要与

———————————

① 联合国教科文组织. 反思教育：向"全球共同利益"的理念转变？［M］. 北京：教育科学出版社，2017：39.

他人共同完成，以及通过与同伴和老师进行讨论及辩论的方式来实现。"①

再次，陈旧的传统观念和习惯势力的障碍。教育的变革首先需要教师观念的转变，但习惯势力往往阻碍了变革。例如，不少教师认为知识学得越多越好。因此，许多教师对信息技术的应用往往停留在如何有利于知识的传授上，没有认识到信息技术的特点和优势，不善于利用信息技术来改变教学模式和方法。

当然，教育需要变革，才能适应时代的要求。当今时代是一个变革的时代，世界充满着种种矛盾，政治的动荡变幻，科技的日新月异，经济的全球化，教育的普及化、终身化和国际化，处处都在推动教育的变革。因此，考虑未来教育不能只从技术着眼，而要从未来时代的发展着眼，从人类的未来发展着眼。这才是讨论未来教育的逻辑起点，只有在这个教育本质的基础上去考虑信息技术如何有益于人的发展。同时，我们也相信，随着技术的发展、数字化的发展，一定会有利于人的全面发展和个性发展，教育必须改革。

现在，越来越多的人认识到，培养学生的学习能力、思维能力、交往能力、合作能力、积极情绪、优良品格比学习知识更重要。在互联网时代，我们一方面要利用信息技术改革教育内容（课程）、改革教学方式（从教到学的转变）、改革评价制度（多元的评价标准），以提高教育效率，提高教育质量，促进人的全面发展和个性发展；另一方面要坚持教育的本质，让改革服从于立德树人的终极目标。

（原载《中国教育报》，2018 年 3 月 3 日，略有改动）

---

① 联合国教科文组织. 反思教育：向"全球共同利益"的理念转变？［M］. 北京：教育科学出版社，2017：40.

可持续发展教育的起点
是所有人都能接受教育

自从 20 世纪 70 年代提出"可持续发展"这个概念以后，世界各国都开始关注"可持续发展教育"。联合国教科文组织于 2005 年启动"联合国可持续发展教育十年（2005—2014）计划"并于 2014 年发布《全球可持续发展教育行动计划》以来，可持续发展教育越来越被国际社会所关注。2015 年 5月，联合国教科文组织在韩国仁川召开教育大会，发表了《仁川宣言》（以下简称《宣言》）。《宣言》指出，"通过教育改变人生"，这就将教育作为发展的驱动力和实现其他可持续发展目标时所发挥的重要作用凸显出来。

但如何理解可持续发展教育？如何在学校中实施？似乎大家还不十分明白。中国北京教育科学研究院的研究团队曾把可持续发展教育定义为，可持续发展教育是可持续发展时代应运而生的教育，是以可持续发展价值观为核心的教育，其目标是帮助受教育者形成可持续发展需要的科学知识、学习能力、价值观念与生活方式，进而促进社会、经济、环境与文化的可持续发展。也就是说，可持续发展教育是一种教育理念和教育目标。它的理念是可持续发展价值观，它的目标是要培养具有可持续发展价值观并能付出努力使之实现的人。

我个人的理解还要广泛一些。我觉得可以从宏观和微观两个层面上来理解可持续发展教育。从宏观上来讲，教育作为人类可持续发展的动力，可与全民教育联系起来，即"满足所有人的基本学习需要"。《宣言》指出，"教育对于和平、宽容、人类成就和可持续发展至关重要"，并指出，"教育是实现充分就业和消除贫困的关键"。因此，《宣言》号召要"确保全纳、公平、有质量的教育，增进全民终身学习的机会"。

因此，可持续发展教育，首先要让所有人都能接受教育，摆脱贫困，尊重生命和人类尊严。然后才是对受教育者进行可持续发展教育，使他们形成可持续发展的价值观和科学的、健康的生活方式。正如联合国教科文组织2015 年的报告《反思教育：向"全球共同利益"的理念转变?》所指出的，教育应该以人文主义为基础，为尊重生命和人类尊严、权利平等、社会正义、文化多样性、国际团结和为可持续的未来承担共同责任。在教育和学习方面，要超越狭隘的功利主义和经济主义，将人类生存的多个方面融合起来，采取开放的、灵活的、全方位的学习方法，为所有人提供发挥自身潜能的机会，以实现可持续的未来，过上有尊严的生活。要将通常受到歧视的那些人包容进来，包括妇女和女童、土著人、残疾人、移民、老年人以及受冲突影响国家的民众。教育应该是全球共同利益。

从微观上来讲，可持续发展教育就是要帮助学习者形成可持续发展的价值观，这就需要向学习者提供可持续发展的科学知识和实践能力，进而促进社会、经济、环境与文化的可持续发展。

学校是进行可持续发展教育的主要场所，课程是进行可持续发展教育的主要载体。当然，并不需要另设可持续发展教育的课程，学校所有课程中都包含着可持续发展的内容。只要老师稍稍注意到，就可以随时进行可持续发展的教育，潜移默化地影响学生的价值观。

教师要改变教学方式，调动学生的积极性、主动性，让学生进行探究学习、合作学习。当前教育改革中提倡基于项目的学习（PBL），学校可以组织学生进行可持续发展教育的项目学习，提高学生的认识和实践能力。

学校还可以组织一些活动，让学生亲身体验可持续发展对人们生活、对人类发展的重要性，特别是环保志愿者活动等。当前提倡研学旅行，这是进行可持续发展教育的好形式。通过研学旅行，可以让学生在欣赏大自然的同时，形成保护大自然的价值观和行为习惯。

开展可持续发展教育，教师是关键，只有教师认识到它的重要性，随时随地都可以进行。因此在我国开展可持续发展教育，首先要培训教师。可喜的是，近些年来，可持续发展的理念已经形成社会共识，许多学校都开展了这方面的教育，积累了许多经验。

（选自 2017 年 12 月 12 日在第 5 届亚太可持续发展教育专家会议暨北京城市副中心可持续发展教育特色展示交流活动上的致辞）

发挥教育在扶贫中的基础性作用

习近平总书记在党的十九大报告中规划了我国未来发展的蓝图，明确指出实现中国梦分两步走：从 2020 年到 2035 年基本实现社会主义现代化；再用 15 年，到 2050 年把我国建成富强民主文明和谐美丽的社会主义现代化强国。为了完成这个任务，要优先发展教育事业，努力让每个孩子都能享有公平而有质量的教育。

改革开放 40 年来，特别是党的十八大以来，我国教育取得了举世瞩目的成绩，教育事业全面发展，中西部和农村教育明显加强。但是我国幅员广阔、地区经济社会发展不平衡，仍然有部分边远山区农村，人民处于贫困状态，教育发展不充分。习近平总书记在十九大报告中提出，要坚决打赢脱贫攻坚战，要注重扶贫同扶志、扶智相结合，确保到 2020 年农村贫困人口全部脱贫。教育在扶志、扶智中应起到基础性作用。

长期以来，贫困农村，特别是边远山区，由于地理条件的限制，教育不发达，群众思想闭塞，缺乏脱贫的意愿和能力，往往依赖于扶贫救济，难以真正脱贫。只有通过教育，提高当地人民的知识水平和生存能力，才能拓展思路，建立自信，寻找到脱贫的出路。正如古话所说，授人以鱼不如授人以渔。加大农村教育，特别是农村贫困地区教育的力度，这是新时期教育工作要解决的重点。

　　为了做好教育扶贫，十八大以来，党和政府采取多种措施来提升农村教育的水平，如实施了免费师范生（公费师范生）政策、特岗计划以及乡村教师支持计划等，大幅扩充了中西部地区和乡村教师的队伍，提高了教师队伍的素质。2012年，农村基础教育专任教师学历合格率在学前、小学、初中和普通高中分别为58.99%、81.73%、66.48%和95.40%，到2015年分别提高至69.72%、89.73%、76.07%和96.99%。① 这对于促进中西部和农村地区的教育发展起到了重要作用。

　　为了落实十九大精神，使教育在扶贫中起到基础性作用，需要进一步深化教育改革，提高教育质量，推进教育公平，努力让每个孩子都能享有公平而有质量的教育。尽管中西部地区和农村地区教育在过去的5年中有很大的发展，但是仍旧需要继续加强。现行义务教育阶段经费投入主要采取的还是省级统筹为主的制度，因此各个地方的教育经费的投入很不均衡。据国家统计局公布的数字来看，2016年小学生均教育经费，北京地区为25793.55元，上海地区为22125.13元，而河南、河北、甘肃、湖南、江西等地区则分别为5036.31元、7300.16元、10321.93元、7861.30元和7989.53元，差距悬殊。② 尽管2015年11月国务院印发了《关于进一步完善城乡义务教育经费保障机制的通知》，中央财政较之过去在义务教育经费方面承担的项目和比例有了明显增加和提高，但对于地方难以全部承担的责任和相应经费该如何解决，依然需要进一步研究。我建议，能否制定一个全国教育事业经费的最低标准，发达地区上不封顶，欠发达地区达不到最低标准的，由国家统筹，转移支付。

　　我们应该清晰地认识到，没有农村教育的现代化就没有中国教育的现代

---

① 田慧生，邓友超．让十三亿人民享有更好更公平的教育：十八大以来教育质量提升的成就与经验［M］．北京：教育科学出版社，2017：66．

② 教育部，国家统计局，财政部．2016年全国教育经费执行情况统计公告［N］．中国教育报，2017-10-26（07）．

化，也就没有整个国家的现代化。农村的现代化，除了农业工业化、农村城镇化以外，最主要的是农民的知识化、专业化。只有通过教育，把扶贫与扶志、扶智相结合，提高农村青少年的文化水平、生存能力，使他们树立脱贫的意志、掌握脱贫的本领，才能真正实现彻底脱贫，从而实现教育的现代化、农村的现代化。

必须进一步加强农村地区教师队伍的建设，坚持免费师范生（公费师范生）政策、特岗计划以及乡村教师支持计划。除部属6所师范大学实施免费师范生（公费师范生）政策以外，应该让地方师范院校也实施免费师范生（公费师范生）制度，招收本地生源，这样可以使这些教师待得住、留得下。此外，一方面要继续提高他们的待遇，并给予更具吸引力的区域性补贴；另一方面，更需要为该地区教师的专业发展提供更多的平台和空间，使青年教师有在专业上进一步发展的空间，使他们有事业的成就感和幸福感。

要始终把提高教育质量放在首位，要全面贯彻党的教育方针，落实立德树人的根本任务，发展素质教育，推进教育公平，培养德智体美劳全面发展的社会主义建设者和接班人。要深化教育教学改革，加强德育，把社会主义核心价值观贯穿教育全过程，加强中华优秀传统文化教育，引领学生锤炼品格、勤奋学习、创新思维、奉献祖国。课堂教学仍然是立德树人的主渠道，要开齐开足国家规定的课程，提高课堂教学的质量。要办好每一所学校，上好每一节课，教好每一个学生。

教学方法要改进，要充分发挥学生的主体作用，培养学生的思维能力、实践能力，把书本的知识变为他们的智慧和创造力。农村地区相对闭塞，要通过教学打开他们的思路，拓宽他们的视野。有了宽广的视野，他们就能想出脱贫致富的点子。

信息化是教育现代化的重要手段，要充分利用信息化、互联网，把城市的优质资源输送到农村学校。一方面通过优秀教师课堂教学提高农村学校的教育质量，同时培养当地的教师；另一方面通过信息媒体介绍我国各个行业的新成就新技术，拓宽农村学生的视野。我认为，农村教育除了传授课程中的基本知识以外，更重要的是要打破农村封闭式的思维，拓宽视野，让他们看看外部世界，思考农村如何利用本地的优势，发展产业，脱贫致富。

教育扶贫不仅要加强义务教育，使每个孩子享受公平而有质量的教育，而且要统筹好普通教育、职业教育和成人教育。如果能把一个孩子培养成大学生，走出大山，这一个家庭就能脱贫。但要使农村整体脱贫，更需要加强当地的成人教育，使当地的青年有脱贫的强烈意愿，又有脱贫的知识和能力。因此，教育扶贫不仅要把知识带下去，而且最好把技术也带下去。这就要开展农村职业教育，根据当地的条件与需要，结合当地农村规划，开办一些职业高中和职业培训，提高他们脱贫的能力。

总之，要利用教育的智力优势，充分发挥教育在扶贫中的作用。

（原载《中国教育发展与减贫研究》，2018年第1期，略有改动）

对"人工智能+教育"的粗浅认识

2019年7月，中共中央、国务院发布的《关于深化教育教学改革全面提高义务教育质量的意见》（以下简称《意见》）指出："促进信息技术与教育教学融合应用。"2019年3月联合国教科文组织发布的报告《教育中的人工智能：可持续发展的挑战与机遇》（以下简称《报告》）也对人工智能在教育领域的应用提出了看法，指出："人工智能技术能够支持包容和无处不在的学习访问，有助于确保提供公平和包容性的教育机会，促进个性化学习，并提升学习成果。"

"人工智能+教育"正在改变着教育的生态、教育的环境、教育的方式，包括教育管理的模式。充分认识"人工智能+教育"的育人功能，是当前教育工作者遇到的重要挑战。

有学者认为，过去蒸汽机、电力和计算机的出现，社会还有几年时间去适应这些技术带来的变化。而在今天，变化是随时随地的，瞬间就以数字化形式遍布全球。教育是未来的事业。教育是为未来社会培养公民。因此，教育必须适应科学技术的变革所引起的社会经济的变革。同时，今天的青少年生活在这种变革的时代，他们的生活方式和思维方式已大大不同于上一代人。他们是互联网、人工智能时代的"原住民"，因此，对他们的培养方式也必须改变。

首先，教育的概念要改变，教育的生态发生了很大的变化，学习的环境扩大了、学习的渠道拓宽了。以往的学习主要是在学校里进行，现在可以在网上学习，在虚拟世界学习。学习已经不限于学校，也不限于年龄，正规教育与非正规教育、正式教育与非正式教育相结合，人人可学，处处可学，时时可学。

其次，教育培养的目标要改变。以往教育只是传授书本知识，而且只重记忆不重能力、只重结果不重过程。当今时代是创新时代，科学技术日新月异。因此培养的目标要改变，需要培养学生批判性、创造性的思维能力和实践能力。从某种意义上说，教学的目的就是改变学生的思维，提高他们的思维品质。

互联网正在改变着人们学习的方式。如果说工业革命使机器代替了人的部分体力，信息革命使电脑代替了个人的部分脑力，而互联网则把个人的脑力联系起来，扩大了人类的大脑，变成了人类共有的大脑。知识成为人类共同的财富。学生可以在互联网上获取各种知识，讨论各种问题，人类的智慧可以共享。

再次，教学方式要改变。教师要充分发挥学生的主体性。学生通过自我学习发现问题、提出问题，自己去探索，或者与同伴合作，互相探讨。教学要改变单向传授知识的方式。正如《意见》中指出的，要融合运用传统和现代技术手段，合理地使用互联网，探索基于学科的课程综合化教学，开展研究性、项目化、合作学习。

互联网为个性化学习、个人学习提供了条件。以往的教育以集体学习为主，班级授课制只能照顾大多数学生的学习水平，不能照顾到学生的个别需要。互联网为个性化学习、个别化学习提供了条件。教师要帮助学生的个性化学习设计科学的、合适的学习方案。

最后，互联网改变了师生关系。教师已经不再是知识的唯一载体和知识的权威。学生已经不是只依靠课堂上教师的知识传授，而是可以通过各种媒体获得信息和知识。教师主要是要为学生的学习营造适合的环境；指导学生正确获取信息，以及处理信息的策略和方法；为学生设计个性化学习计划；帮助学生解决一些疑难问题。

人工智能、大数据可以作为教师的有力助手。大数据可以帮助教师随时了解学生的学习情况，帮助他们解决困难。人工智能、大数据还可以帮助教师批改作业，替代教师一些机械式的劳动，减轻教师的负担，使教师有更多的时间和学生接触沟通。正如《报告》中所说，"双教师模式"包括教师和虚拟教学助理，"助理"可以接管教师的日常任务，使他们有更多时间专注于对学生的指导和一对一的交流。

"人工智能+教育"可以远程地、免费地为农村和边远贫困地区学校提供优质教育资源，不仅使那里的学生可以在线上学习到优质的课堂教学，而且可以提高那里教师的专业水平，从而较快缩小城乡教育差距，提高教育质量，促进教育公平。"人工智能+教育"还可以利用大数据、数字化进行有效的教育管理。

总之，互联网使教育发生了重大的，也可以说是革命性的变革，但是教育的本质不会变。教育传承文化、创造知识、培养人才的本质不会变，立德树人的根本目的不会变。从生命发展的视角来说，教育的本质可以概括为：提高人的生命质量和生命价值。提高人的生命质量，就是说，一个人通过教育，提高了生存能力，使他能过上有尊严而幸福的生活。提高人的生命价值是说，一个人通过教育提高了他为社会服务的品德和能力，使他能为社会、为人类做出应有的贡献。

学校和教师不会消失。正如《反思教育：向"全球共同利益"的理念转变?》报告中所说的，学校是人生走出家庭、走向社会的第一个公共场所，是人生社会化的第一步。儿童进入学校不仅学知识，重要的是要学做人，学会与人沟通和交往。有学者认为，未来学校要变为学习中心。但学习中心如果没有教师的话，那只能说是自学，不是教育。教育必须具备学生和教师两个主要要素。

学习是人类集体的行为。正如《反思教育：向"全球共同利益"的理念转变?》中指出，学习既是个人行为，也是集体努力，学习是由环境决定的多方面的现实存在。教育不只是个人发展的条件，而是人类集体发展的事业。个人的发展也不是孤立的，是在人类社会共同发展的进程中发展的。学校是学生集体学习、共享学习成果的最好场所。

信息技术、互联网改变了教育环境和教育方式。但技术永远只是手段，不是目的。教师的教育观念、教育方式方法需要改变，但教师培养人才的职责没有变。

儿童的成长需要有思想信念、有道德情操、有扎实学识、有仁爱之心的教师的指导和帮助。人只能由人来培养，不可能由机器来培养。技术替代不了教师对学生精神世界的影响。教师永远是学生成长的引路人。正如习总书记在北京市八一学校与师生座谈时指出：教师是学生锤炼品格的引路人，是学习知识的引路人，是创新思维的引路人，是奉献祖国的引路人。

当前开展"人工智能+教育"还存在着几个问题：一是认识问题，广大教师还没有认识到"人工智能+教育"的特点和它的优势，还比较迷茫；二是软件跟不上，如适合学生自学的软件、利用大数据进行教学管理的软件、个性化学习课表设置的软件等；三是广大教师还不会运用信息技术来改进教育教学，需要专家和广大教师共同努力。

"人工智能+教育" 应趋利避害

现在已进入人工智能时代，它改变着人类的生产生活方式，也在改变着教育生态、教育方式等，所以，充分认识"人工智能+教育"对未来教育的影响，是我们目前面临的一大挑战。

首先，"人工智能+教育"的出发点是什么？目的是什么？我认为，"人工智能+教育"最终的目的还是提高教育质量，培养全面发展和个性发展相结合的新型现代化人才。人工智能时代是人人可学、时时可学、处处可学的时代，教育的变革在于以学生为主体，变教师的"教"为学生的"学"，让学生利用互联网、大数据等进行自我学习、自我探索，从而培养自学能力、实践能力和创新能力。

信息技术的应用不是为了技术而技术，不是搞花架子。我们进入学校听了很多课，有不少教师把课件做得很漂亮，非常花哨。但是，我觉得有一些东西还不如在黑板上画一画，不仅能让学生更好地理解，而且更加有人情味。因此，我认为应该注意使用信息技术的教育效果，促使学生认知能力、思维能力和创造能力的提升。

其次，"人工智能+教育"的风险是什么？互联网具有互联性、虚拟性、开放性，大数据拥有情报性、统计性等，那么人工智能和大数据对于教育来讲，它的优势到底在哪里？如何在培养人才和管理方面发挥人工智能的优势？

应用的时候有没有风险？

在互联网时代，我们时时可以学，处处可以学，那么是不是在网上就可以自由地获取信息？学生会不会准确收集和处理信息？在获取信息的过程当中有没有风险？信息不等于知识，知识不等于智慧，要形成智慧必须认真思考，内化为自己的观念、态度，并能够付诸行动。

再比如说大数据，可以随时了解一个人在什么地方，在干什么，这对学校的管理来讲很有好处，但也存在泄露学生隐私的风险。我们在开展教育的时候要考虑到这些风险。

因此，要充分认识"人工智能+教育"的优势和它存在的风险，充分利用它的优势，趋利避害，真正使人工智能发挥育人的作用。

互联网、大数据等使教育发生了革命性的变革，但是教育传承文化、传播知识、培养人才的本质不会变，立德树人的根本目的不会变。从生命发展的视角来讲，教育的本质可以概括为提高人的生命质量和价值，一个人通过教育可以提高生存能力，过上幸福而有尊严的生活。至于提高一个人的价值，就是说可以通过教育提高一个人为社会服务的能力，使其能够为社会做出一定贡献。我们每个人都要实现社会现代化，儿童进入学校不仅要学习知识，更重要的是学会做人，学会与人沟通和交往，这些都离不开学校这一平台。

有人认为，未来学校要消失，变成学习中心，我不同意这样的观点。学习中心可以有，人人都可以学习，但是学习中心不是学校。一个学校必须有两个要素：一个是教师，一个是学生。如果光有学生那是自学，不是教育。教育必须有教师和学生这两个主要因素，特别是年龄较小的学生，更需要教师引导，育人不能光凭学生自学，让其过度依赖现在的互联网、大数据。学习是人的一种集体行为，教育不仅是支持个人发展的重要条件，而且是人类集体发展的事业，每个人的发展都不是孤立的，学校是个人参加集体学习和共同进步的最好场所。

教师的教育观念、教学方式方法确实需要改变，但是教师培养人的天职不会变。儿童成长需要"四有"教师的指导，信息技术可以改变教育的形态，但人的培养不可能由机器来完成，技术更代替不了教师对学生的世界观、价值观、人生观的影响，教师永远是学生成长不可或缺的引路人。

（原载《中国教育报》，2019 年 11 月 4 日，摘编自微信公众号"中国教育三十人"论坛，略有改动）

改革评价制度，营造良好教育生态

习近平总书记在 2019 年全国教育大会上指出："要深化教育体制改革，健全立德树人落实机制，扭转不科学的教育评价导向，坚决克服唯分数、唯升学、唯文凭、唯论文、唯帽子的顽瘴痼疾，从根本上解决教育评价指挥棒问题。"这就点出了当前教育弊端的根源，并指明了解决困境的方向。全社会都要转变观念，树立正确的教育观、人才观、学生观、质量观，改革考试评价制度，促进学生的全面发展。

如何评价一个学校？如何评价一个地区的教育？答案就是要克服上述顽瘴痼疾，坚持党的教育方针，把立德树人作为学校的根本任务。在一个区域内，要办好每一所学校，提高所有学校的教育质量，教好每一名学生，这样才能真正促进教育公平。

现在有些地区为了提高所谓"重点大学升学率"，把学习成绩好、考试分数高的学生集中在一个学校，集中训练。我们且不评论这样的训练对学生未来发展的影响，也不评论这样的学校培养人才的模式和效果，我认为从区域教育的全局来讲，这种做法破坏了整个区域的教育生态，使得该区域的其他学校难以生存和发展，降低了办学的积极性。同时，对学生来说，所谓的优秀学生都进了一所学校，他们成了"胜利者"，其他学校的学生则成了"失败者"，这给后者心理上造成了不良影响，还何来教育公平？

提高教育质量，促进教育公平，要从区域教育的全局考虑，全面部署。不是只办好一所学校或几所学校，而是要调动所有学校的积极性，办好每一所学校，教好每一名学生。我希望，各个地区都要优化区域的教育生态，正确评价学校，把每一所学校都办好。一枝独秀不是春，百花齐放春满园。

（原载《中国教育报》，2019 年 10 月 9 日，略有改动）

三次教育大讨论

——纪念《教育研究》创刊 40 周年

《教育研究》是改革开放的产物。1979 年 4 月，《教育研究》正式创刊，到 2019 年整整 40 周年。40 年来，《教育研究》已经成为我国教育科学研究的重要阵地，为我国教育科学研究的繁荣做出了重要贡献。

我是《教育研究》的忠实读者，也可以说是第一批参与者、著作者，40 年来与《教育研究》共发展同进步。当年刊物订立的编辑方针是：研究马列教育理论、探讨教育教学规律、报道教育研究成果、总结教师教学经验、开展教育学术讨论、反映国内外教育动态，并坚持"百花齐放，百家争鸣"的方针，开展中国教育现实中的理论问题与实际问题的研究和讨论。

我印象最深的是，《教育研究》在改革开放初期开展了三次大讨论。

第一次大讨论是在"实践是检验真理的唯一标准"思想路线指导下，开展了"教育本质"的大讨论。1978 年，中国社会科学院副院长于光远提出，教育这种现象中，虽然有上层建筑的东西，但不能说教育就是上层建筑，并在《学术研究》1978 年第 3 期上发表了《重视培养人的研究》一文。讲话和文章引起了全国教育界的大讨论。以《教育研究》为主阵地，讨论长达十年之久，发表文章上百篇。有多种观点："上层建筑"与"生产力说"之辩、"产业说"与"非产业说"之辩、"双重属性说"与"多重属性说"之辩、

"社会化说"与"个性化说"之辩等。这次讨论实际上是对教育功能的反思。新中国成立之初，为了巩固新政权，提出教育要为无产阶级专政服务。《中共中央关于教育体制改革的决定》提出，必须使教育事业在经济发展的基础上有一个大的发展，教育必须为社会主义建设服务，社会主义建设必须依靠教育。教育有自身的规律、儿童成长有规律，因而对教育的本质要有新认识。这次讨论虽然没有统一的结论，但使人们对教育的本质有了进一步的认识。教育是传承文化、创造知识、培养人的社会活动。教育要为一定社会的政治经济服务，同时要重视人的发展和超越；教育的功能性和本体性是统一的，只有个体的发展才能促进社会整体的发展。

第二次大讨论是在 20 世纪 80 年代中期，随着我国计划经济向社会主义市场经济的转变，教育产业化、教育市场化的思潮开始兴起，在社会各界引起了很大的争论。参加讨论的，不仅有教育界的学者，还有经济学家、企业家。讨论围绕着"教育是不是产业？能不能产业化、市场化？"开展了热烈的争论，出现了许多不同且对立的观点。《教育研究》也成为这次讨论的主论坛。经过讨论，大家较为一致的认识是：在教育领域内有产业的成分，如校舍的建设、设备的配置、教学用具的购置等，但教育不能产业化，更不能市场化。教育是社会公益事业，特别是义务教育阶段，应该由国家来承担责任。但是办教育可以吸收民间资金，鼓励民间办学。这次大讨论对明确政府的办学责任，同时促进民办教育的发展，起到了重要的作用。

第三次大讨论是关于素质教育的讨论。20 世纪 80 年代，在批判"应试教育"的同时，提出素质教育的概念，一时引起了教育界的争议。有学者认为，素质教育的提法缺乏理论依据，素质一般指人的生理、心理的遗传素养，难以在后天培养；有的校长质疑，素质教育与教育方针是什么关系？是不是要代替教育方针？推进素质教育，还要不要考试？

《教育研究》从 1986 年第 4 期至 1987 年第 4 期，专门开辟了"端正教育思想，明确培养目标"的专栏，讨论树立正确的人生观和提高民族素质的问题。

1999 年，在第三次全国教育工作会议前夕，中共中央、国务院印发《关于深化教育改革全面推进素质教育的决定》，提出："实施素质教育，就是全面贯彻党的教育方针，以提高国民素质为根本宗旨，以培养学生的创新精神和实践能力为重点，造就'有理想、有道德、有文化、有纪律'的德智体美等全面发展的社会主义事业建设者和接班人。"2005 年 6 月，教育部部长何东昌给胡锦涛同志写了一封信，反映"应试教育"造成学生思想品德滑坡，身体素质下降，他十分为年轻一代的教育担忧。为此，在胡锦涛批示下，教育部会同中宣部、人事部、社科院、团中央等部门开展了一年多的系统调查，提交了一份《素质教育系统调研总报告》，对素质教育做出了新的界定："一般说来，素质即人所具有的维持生存、促进发展的基本要素。它是以人的先天禀赋为基础，在后天环境和教育的影响下形成并发展起来的内在的、相对稳定的身心组织结构及其质量水平，主要包括身体素质、心理素质和社会文化素质等。"① 从此素质教育的概念逐渐被大众所接受。《教育研究》在素质教育讨论中起了重要的作用。

改革开放 40 年来，《教育研究》成为教育科学界的顶级学术刊物，总结了一批具有中国特色的土生土长的教育经验，如李吉林的情境教育理论等，为中青年教育理论工作者提供了发表学术成果的平台，促进了我国教育科研队伍的成长。我对《教育研究》为我国教育科学发展做出的重要贡献表示热烈的祝贺。

（原载《教育研究》，2019 年第 10 期，略有改动）

---

① 素质教育调研组. 共同的关注：素质教育系统调研 [M].北京：教育科学出版社，2006：1.

教育工作者，请把眼光投向农村

《中国教育现代化 2035 年》提出，我国教育要基本实现教育现代化。实现教育现代化的难点和重点主要在农村。我这里说的农村，是包括以农业生产为主的所有县级地区。我国有近 14 亿人口，超过半数生活在农村，一半以上的学龄儿童在农村。没有农村教育的现代化，中国教育就不可能实现现代化。

改革开放 40 多年来，我国农村基础教育取得了巨大的成就，基础设施不断改善，九年义务教育已经普及，适龄儿童已经不会因为经济条件限制而不能上学。但不可否认，我国农村基础教育，尤其是中西部贫困地区的农村基础教育，仍然面临着许多困难，最主要的困难是师资匮乏、教育观念落后、人才培养模式错位等等。

近几年来，国家教育咨询委员会调研组走访了几个省的农村，发现那里学校的条件逐年有所改善，孩子也十分活泼可爱，但课堂教学却不尽如人意，有些地方课程还开不齐全，教师的教学水平不高，只能照本宣科，有的甚至概念都讲不清楚。因此，教育工作者要把眼光投向农村，帮助农村提高教育质量，促进教育公平，使农村的孩子同样享有公平而有质量的教育。

当前教育界有一种趋势，往往眼睛只盯着大城市的教育发展。未来教育，"人工智能+教育"，大数据、数字化已经成为教育界的热门话题。毫无疑问，科学技术是第一生产力，先进的科学技术必然会影响到教育的改革和发展。但是我国广大的中小学，恐怕还没有达到利用这些新技术的条件。特别是农村基础教育，他们最需要的是开齐国家规定课程，把每一节课上好。今天我们讲信息化，对农村教育来说，主要是要利用信息化把优质教育资源输送到农村去，提高那里的教育质量。

有几种假象影响着我们的眼光。一是北京、上海这些现代化城市中的优质学校，许多人以为他们就代表着中国教育的水平。特别是上海在几次 PISA 中名列前茅，英国都派老师来学习。人们以为我们的基础教育已经达到了很高的水平，现在要利用"人工智能+教育"走向现代化。应该说，北京、上海这些地方的一些优质学校，确实可以利用信息化、人工智能、大数据等来培养创新型人才。但许多农村地区的学校恐怕还做不到，即使城市里的薄弱学校恐怕也难做到。

二是北京、上海已经有许多研究生到中小学求职。前年北京十一学校李希贵校长讲，他们招聘教师，居然有 150 多名博士生应聘。2019 年 11 月，中国科学院附属实验学校庆祝建校五周年，他们教师中已有 40 多名研究生，其中有 10 多名博士生。人们看到这些现象，以为教师已经很有吸引力，教师水平已经很高。但是要知道，农村学校，多数大学毕业生不愿去，留不住。那里教师缺乏，观念落后。即使大城市学校，除了像北京十一学校、中国科学院附属实验学校这样的优质学校外，研究生比例也并不高。据统计，全国普通高中学校中的教师，研究生的比例是 9.8%，而 OECD（经济合作与发展组织）国家达到 45.5%，我们与发达国家教师队伍相比，还有很大差距。

当前迫切的问题，是如何运用信息技术来提高农村基础教育的质量，办好每一所学校，上好每一节课，教好每一个学生，让每个孩子享受公平而有质量的教育。所以，我希望教育工作者把眼光投向农村，研究如何有效地提高农村基础教育的水平。利用信息技术、远程教育，把城市的优质教育资源输送到农村，是一个很有效的途径。教育部部长陈宝生到河北调研，他看到学生通过互联网实时互动授课和学习的情况，很赞赏那里的"双师模式"；汤敏博士的友成教育与人大附中合作，通过远程教育把优质资源送到广西等地农村，已经做了好多年，成绩显著；成都七中开展远程教育多年，帮助农村学校切切实实提高了教育质量。

迎接未来的教育，一方面，有条件的学校要科学地利用人工智能、大数据、数字化改革人才培养模式，培养创新型人才。另一方面，我们要研究如何运用信息技术把优质教育资源输送到农村基础教育，提高那里的教育质量，促进农村教育现代化。

可喜的是，教育部正在实施"全国中小学教师信息技术应用能力提升工程"。通过培训，可以提高校长信息化领导力、教师信息化教学能力、团队信息指导能力，服务教育教学改革，缩小城乡教师应用能力的差距，促进教育均衡发展。同时已经在宁夏和北京外国语大学率先进行试点，探索人工智能技术与教师队伍建设融合的新路径。通过试点，探索利用人工智能技术推进教师的教育教学改革、推进教师培养和培训改革、助推教育精准扶贫、助推教师管理优化的新路径。教育部教师工作司司长任友群提醒，常态化的教学还是要依靠当地教师，要提高"造血"功能，而不仅仅是"输血"。要切实提升乡村校长管理治校的能力，促进乡村教师专业成长。

（原载《光明日报》，2020 年 3 月 31 日，略有改动）

这次抗疫战斗对中国教育的启示与影响

2020 年春节期间，一场突如其来的新冠肺炎灾难降临到中国人民头上。面对这场灾难，党中央做出了英明果断的决策，动员了全党全民的力量，万众一心地抵抗这场瘟疫，现在正在取得全面的胜利。在这次抗疫战斗中，我们应该想一想，对教育有什么启示呢？

首先，我觉得通过这次抗疫战斗，教育工作者要教育孩子们树立理想信念，坚定"四个自信"，坚信只有在中国共产党领导下的社会主义制度，才能迅速地动员全党全民打赢这样一场没有硝烟的战争，也只有全国人民同舟共济、同心同德，才能最终战胜瘟神。

我们还要教育孩子们学习在抗疫过程中广大医务工作者所表现出的大爱无私的奉献精神。从新闻报道中我们可以看到，广大医务工作者像面对敌人炮火的战士一样，冒着巨大风险勇往直前。他们身上所表现出的既是大爱无疆的精神，更是爱祖国、爱人民的精神。他们的精神将永远成为中国教育的伟大财富。我们要向他们致敬，向他们学习！

这次抗疫战斗也给我国深化教育改革、加强科学教育提供了很好的契机。例如在这段时间，北京明远教育书院联盟校都开动了脑筋，设计了丰富多彩的线上课程，停课不停学成为一次重大的教育改革实践，一次伟大的教育创新。

我觉得教育需要更加关注如下四个方面。

第一，我们需要加强科学教育，普及科学知识，提高国民的科学素养。教育的本质可以概括为提高生命质量和提高生命价值。尊重生命、尊重自然是一个现代文明社会人应有的品质。作为教育工作者，要教育青少年尊重生命、尊重自然。我们所提倡的生命教育并不是孤立的。对个人来讲，提高生命质量是指通过教育让人有文化，提高人的生存能力，过上有尊严的幸福的生活。提高生命价值是指通过教育提高人的思想品德，使他能够为社会做贡献，为人类做贡献，这样生命才有价值。我们要让孩子从小意识到，人类是大自然的一员，不是大自然的主宰。人类要保护大自然，保护动植物，遵循自然规律，坚持可持续发展。保护自然就是保护人类自己。

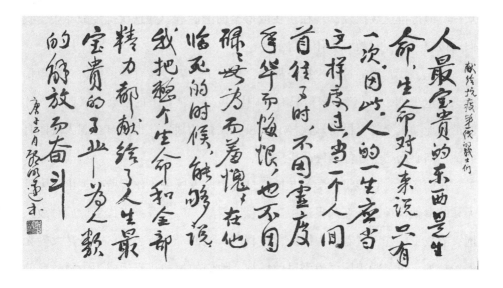

第二，我们需要改变残害野生动物的陋习。有些成年人把吃野生动物作为一种饮食的享受，对此，我们要树立起吃野生动物是一种不科学的野蛮恶习的共识。在社会上，还有一些人把吃野生动物作为一种身份的表现，以显示自己有权力、有能耐。这更是一种丑陋的习俗和不文明的行为。通过此次抗疫战斗，我们要教育青少年拒绝这类陋习，过文明的生活。

第三，讲究个人卫生。这次抗疫战斗，实质上是进行了一次全民个人卫生健康知识大普及。我们要让每一位青少年养成讲究个人卫生的好习惯：不随地吐痰，不随地扔弃脏东西；勤洗手，防污染；多运动，强体质；注意合理营养，少吃垃圾食品，营造一个清洁卫生的生活环境。

第四，经历了这次大瘟疫，我们都会有这样一个共识：灾难面前，人的健康是第一位的。所以，我们的学校要全面贯彻党的教育方针，德智体美劳五育并举，坚持"健康第一"，减轻学生的作业负担，保证学生有足够的睡眠时间和锻炼时间，培养德智体美劳全面发展的建设者和接班人。

第五，科学地应用信息技术，改变教学模式。线上学习的特点是互动性、个性化、虚拟性甚至国际性，这必然会引起教育的革命，我们要充分理解并适应这种变革。线上学习不是简单的课堂搬家，而是需要以学生为主体，抓住课程的重点和难点，通过辅导学生自学、加强师生间的互动等方式，培养学生自学的能力、思考的能力、线上沟通的能力，培养他们终身学习的意识和能力。

线上学习，教师的作用是不可能缺少的，而且对教师提出了更高的要求。线上学习给了我们一个启示，互联网提供了一个可以时时学、处处学、人人学的环境，未来的学校可能会成为一个学习中心。但我认为，不管是学校还是学习中心，都要有教师。因为教育必须要有两个因素，一个是教师，一个是学生。只有学生没有教师，只能说是自学，不能说是教育。机器可以改变教学模式，但不能培养人，而教师是塑造生命、塑造心灵的人。所以，教师是不可缺少的，学校也是不可缺少的，但教师和学校的角色要转换。在这个过程中，教师不再是知识的权威，也不是知识的唯一载体。教师的作用体现在帮助学生设计最适合他们的一种教育方式。每个孩子都是不一样的，教师有必要了解学生，因材施教。教师的角色是设计者、引导者、帮助者，甚至是与学生共同学习的伙伴。这次停课不停学给教育改革提供了机遇，使我们更认识到学生的潜在能力和信息技术在教育改革中的作用，促进了教育的信息化。

（原载《上海教育》，2020 年第 3 期，略有改动）

教师篇

新时代深化教育改革的重要决策

——学习《关于全面深化新时代教师队伍建设改革的意见》

中共中央、国务院印发了《关于全面深化新时代教师队伍建设改革的意见》（以下简称《意见》），这是新中国成立以来中央出台的第一个专门针对教师队伍建设的文件，具有重要的战略意义。这是贯彻十九大精神，以习近平新时代中国特色社会主义思想为指导，深化教育改革的重大战略决策。习近平作为党中央的领导核心，在治国理政的过程中，高度重视教育在社会主义现代化建设中的地位和作用，始终坚持把教育放在社会主义现代化建设中优先发展的战略地位，强调教育是提高人民综合素质、促进人的全面发展的重要途径，是民族振兴、社会进步的重要基石，是对中华民族伟大复兴具有决定性意义的事业。习近平总书记始终把人民群众的利益放在第一位，他说，教育公平是社会公平的重要基础，要不断促进教育发展成果，更多更公平惠及全体人民，以教育公平促进社会公平正义。

教育大计，教师为本。习近平总书记十分重视教师队伍的建设。2014 年教师节前夕他在与北京师范大学师生座谈时指出："教师是人类历史上最古老的职业之一，也是最伟大、最神圣的职业之一。"教师之所以重要，是因为教师的工作是塑造灵魂、塑造生命、塑造人的工作。他说："一个人遇到好老师是人生的幸运，一个学校拥有好老师是学校的光荣，一个民族源源不断涌现一批又一批好老师则是民族的希望。"因此，"需要我们大力培养造就一支师德高尚、业务精湛、结构合理、充满活力的高素质专业化教师队伍，需要涌现一大批好老师"。《意见》的出台，正是落实习近平总书记讲话精神的具体举措。

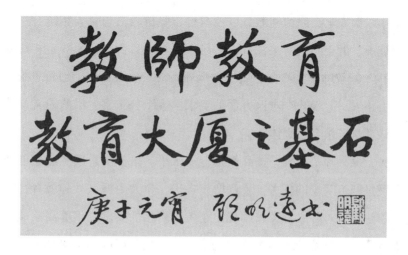

我认为，《意见》在教师队伍建设方面有几大要点。

首先，方向明确，对教师提出高标准新要求。过去我们只提培养合格的教师，这次《意见》中提出要培养造就"高素质、专业化、创新型"教师。这是新时代对教师提出的高标准新要求。当前，中国特色社会主义进入了新时代，开启了全面建设社会主义现代化新征程。面对新方位、新征程、新使命，教师的思想政治素质和师德水平需要提升，专业化水平需要提高。高素质，就是如习近平总书记讲的，要有理想信念、道德情操、扎实学识、仁爱之心。专业化，就是要掌握教育规律和青少年儿童成长发展规律，因材施教，为学生提供适合的教育。创新型，就是要求教师有创新精神，勇于改革，在教育教学改革中创造新的经验，培养创新人才。

其次，加强党的领导，突出教师的思想政治素质、师德师风建设。《意见》提出，要加强党的领导，加强教师队伍中的党的建设，把党的政治建设摆在首位，把全面从严治党要求落实到每个教师党支部和教师党员。《意见》要求，加强理想信念教育，深入学习习近平新时代中国特色社会主义思想，引导教师树立正确的历史观、民族观、国家观、文化观，坚定中国特色社会主义道路自信、理论自信、制度自信、文化自信。《意见》要求广大教师以德立身、以德立学、以德施教、以德育德，坚持教书与育人相统一、言传与身教相统一、潜心问道与关注社会相统一、学术自由与学术规范相统一，争做"四有"好教师，全心全意做学生锤炼品格、学习知识、创新思维、奉献祖国的引路人。《意见》对这方面的要求内容十分丰富、措施非常具体，需要我们认真学习领会、具体落实。

再次，振兴师范教育，提高教师专业水平。培养高素质专业化创新型教师，无疑是师范院校的任务。《意见》提出，要大力振兴教师教育，要加强师范院校建设，对各级各类教师提出了关于资格的要求。培养高素质专业化创新型教师，师范院校有不可推卸的责任。根据我国的国情诸如人口多、学生多、区域间发展不均衡的特点，师范院校在一个较长的历史时期还应该成为教师教育的主体，要办好一批师范院校。师范院校应认真贯彻《意见》提出的改革要求，加强教师教育的专业训练，加强教育实践环节，把学校办成真正培养高素质专业化创新型教师的基地。

《意见》还提出，支持高水平综合性大学开展教师教育。高水平综合性大学有高水平的学科优势，有高水平的教师队伍，能够为基础教育培养高层次的教育专业硕士、教育专业博士等高素质专业化的创新型教师。2018 年 1 月，北京大学教育学院成立了基础教育研究中心，这是值得赞赏的举措。

师范院校应担负起在职教师的继续教育。师范生不可能一毕业就成为一名成熟的教师。他需要在教育实践中不断反思、不断学习、不断提高。师范院校过去只重视教师的职前培养，不太重视职后培训。今后应该真正实行职前职后一体化培养。跟踪毕业生并提供帮助他们后续提高的机会。师范院校的教师要放下架子，走进中小学，把理论和实际结合起来，一方面指导在职教师提高，另一方面从一线教师中汲取营养，丰富理论。

此外，《意见》提出确立公办中小学教师作为国家公职人员特殊的法律地位，明确教师的权利和义务。这是这次文件最大的亮点。同时，《意见》提出要加大教师表彰力度，营造尊师重教的社会风尚。

《意见》还特别提出要大力提升乡村教师待遇；深入实施乡村教师支持计划，关心乡村教师生活；落实特困地区乡村教师生活补助，加强乡村教师周转宿舍建设。《意见》为改善乡村教师生活条件提出一系列具体要求。这是稳定乡村教师队伍的重大举措。

《意见》既有原则高度，又有非常具体的要求。各级领导需要转变观念，把思想统一到中央部署上来，全面贯彻党的教育方针，把立德树人作为教育的根本任务，认真落实《意见》的精神和要求，经过五年、十五年的努力，一定能打造出一支高素质专业化创新型教师队伍，使教师真正成为全社会值得羡慕的职业。

（原载《光明日报》，发表时文章名改为《新时代深化教育改革的重要决策》，2018年2月17日，略有改动）

小学教师专业标准的基本精神

——关于《小学教师专业标准（试行）》的解读

幼儿园、小学和中学教师的专业标准经过多年的努力终于即将出台，2011 年 12 月已由教育部教师工作司公布征求各界意见，即将正式颁布。这是贯彻落实《国家中长期教育改革和发展规划纲要（2010—2020 年）》的具体措施，是实现教育现代化的基本条件。教育大计，教师为本。育人为本、促进公平、提高质量，都要依靠一支稳定的、高质量的教师队伍。一个国家如果没有建设教师队伍的制度，很难说得上这个国家的教育制度是完备的。因此，制定教师专业标准、严格教师入职资格、规范教师行为、促进教师专业发展是教育现代化建设的必要的制度建设。

标准的特点

《小学教师专业标准（试行）》（以下简称《标准》）从"学生为本、师德为先、能力为重、终身学习"四个基本理念出发，对一名合格小学教师的"专业理念与师德""专业知识""专业能力"三个维度进行了全面、细致的梳理和规范。它用 13 个领域、58 条专业素养的具体要求厘定了小学教师的从教规格，确定了国家对合格小学教师特有的和基本的道德坐标、知识坐标与能力坐标，具有以下一些特点。

1. 科学性。教育要适应社会发展的需要，要适应儿童身心发展的需要，这是教育的两大基本规律。《标准》中无论是维度、领域、基本要求的框架的构建，还是每一个维度、领域以及每一项基本要求的制定，都是建立在尊重教育规律、尊重小学生身心发展规律的基础上。例如，在专业知识领域的基本要求中强调，小学教师应了解小学生身心发展特点和规律、学习特点，了解小学安全防护的知识，掌握针对小学生可能出现的各种侵犯与伤害行为的预防与应对方法，了解幼小衔接和小初衔接阶段小学生的心理特点等。

2. 规范性。《标准》是国家对合格小学教师专业素质的基本要求，是小学教师开展教育教学活动的基本规范，是引领小学教师专业发展的基本准则，是小学教师培养、准入、培训、考核等工作的重要依据。因此，《标准》强调教师行为的规范性。当然，强调规范并不等于墨守成规，而是要求教师遵循教育规律，遵守教师的基本要求，灵活处理教育活动。

3. 基础性。《标准》是合格小学教师的标准，并非优秀小学教师的标准，它的要求是最基本的，是每个教师都应该做到的。不论何种培养机构培养的何种学历层次的小学教师，都应达到《标准》中提出的基本要求。小学教师要理解专业素养的基本要求，首先要理解小学教育的性质和任务。小学教育是对小学儿童进行简单的读、写、算等基本技能，一般的生活经验和基础道德品质的教育。小学教育不仅要保证儿童掌握基本知识和技能，而且要帮助儿童学会学习，注重培养儿童的社会意识、创造能力、合作精神以及对自然科学知识的兴趣等，为其今后的可持续学习以及走上正确的人生道路打好基础。当然，现在制定的标准中的一些基本要求高于现有一般小学教师的业务水平，因此它具有引领性。应当说，小学教师职业的专业性很强，小学教师专业化培养才刚刚起步，道路还很漫长。因此，《标准》的颁布与实施必将引领小学教师专业化发展。

4. 时代性。我国教育改革和发展正处在由数量发展向质量提高的转折点上，教师教育质量和教师专业发展越来越重要。由此，构建我国小学教师专业标准，规范小学教师职前培养与在职培训，促进小学教师专业发展，进一步推进小学教师工作的规范化、制度化建设，提高基础教育质量，成为我国小学教师教育的当务之急。《标准》的制定与颁布实施正满足了这一时代需要。《标准》体现了当今时代对教师专业发展的诉求，重点强调了教师职业的专业性和独特性，要求教师注重自身专业发展；体现了新的教育理念，例如突出小学生主体性和生命教育的重要性，要求小学教师以小学生生命为本，服务于小学生生命成长的需要；要求小学教师掌握现代信息技术并运用于教育教学等。

5. 实践性。《标准》凸显了实践性品质，尤其是专业能力维度各领域的基本要求，具有较强的可操作性。《标准》13 个领域、58 条基本要求符合教育实践的要求，都很具体。小学教师只要按照这些要求去工作，教育教学就能够取得成功，学生就能健康成长。例如，在"对小学生的态度与行为"领域就提出"不讽刺、挖苦、歧视小学生，不体罚或变相体罚小学生"；在"组织与实施"领域提出"发挥小学生主体性，灵活运用启发式、探究式、讨论式、参与式等教学方式"；在"激励与评价"领域提出"对小学生日常表现进行观察与判断，发现和赏识每一个小学生的点滴进步"；在"沟通与合作"领域提出"善于倾听，和蔼可亲，与小学生进行有效沟通"；在"反思与发展"领域提出"主动收集分析相关信息，不断进行反思，改进教育教学工作"等。

标准的亮点

同时，我还认为，《标准》有如下几个亮点。

1. 强调小学教师对教育工作要有正确的认识。首先，教师要将教育看作一项事业，而不是单纯的职业。教师肩负着培养人才的重任，不但要启迪人的心智，还要锤炼人的品格、完善人的心性。这就要求教师对教育事业具有强烈的责任感和深厚感情。教师要深刻理解教师专业性工作的重大责任：它寄托着祖国的期望，人民的嘱托。国家把祖国的未来交给教师，千家万户把自己的孩子送到教师面前，都是出于对教师的最大信赖，教师对此要有充分的认识。小学教师这一职业又具有自身的独特性。小学教师面对的是生动活泼的 6~12 岁的小学儿童，陪伴儿童成长、指引儿童发展是小学教师的日常教育教学活动。将教育当作一种事业，就意味着教师要有真诚的教育理想，有长远的教育规划，有自觉自愿的教育担当。

2. 把师德放在小学教师专业标准的首位。师德主要表现在敬业爱生上。小学教师要热爱儿童。我们常说，"没有爱就没有教育"。这里面包含着对儿童深切的爱和对教育的深切理解。这种爱不同于父母对子女的爱，而是一种对人类自身发展的爱，对民族未来的爱，是不求回报的爱。我们的老师绝大多数是热爱儿童的，但是有时不知道如何去爱，有的甚至走入爱的误区。

真正的爱首先表现在相信每个儿童上，相信每个学生都愿意学习，都希望进步，都能够成才；其次，要了解学生的需要，理解他们的想法，然后因人因时，有针对性地进行教育；最后，为了能了解学生、理解学生就要善于与学生沟通。教师对学生的爱建立在互相信任的基础上。爱护每个学生，不要把学生分成三六九等，有些地方让优秀学生戴红领巾、一般学生戴绿领巾，这种歧视学生的做法是绝对不允许的。

3. 突出小学生的生命教育。《标准》明确要求教师要"将保护小学生生命安全放在首位""尊重小学生独立人格""平等对待每一个小学生""不讽刺、挖苦、歧视小学生""信任小学生，尊重个体差异，主动了解和满足有益于小学生身心发展的不同需求""积极创造条件，让小学生拥有快乐的学校生活"。佳木斯第十九中学张丽莉老师就是把学生的生命放在第一位，为救护学生受伤致残，谱写了一曲英雄赞歌。她是教师的楷模。汶川地震时教师群体舍身救护学生的壮举，体现了教师在危难时刻坚守职责的信念，值得小学教师永远铭记和学习。

4. 强调小学教师要了解有关教育法律、政策，了解党的教育方针，掌握小学生身心发展的规律，具备对小学生进行教育的知识和能力。党和国家历来高度重视教育工作，关心下一代的健康成长，自新中国成立以来制定了各种教育政策法规，保护儿童合法权益；制定了教育方针，明确了培养什么人、怎么培养人的重大问题。教师的责任不仅在于向学生传授科学文化知识，更承担着使学生身心健康成长、维护学生合法权益，把学生培养成全面发展的人才的责任。

小学教育是打基础的教育，在教师的引领下学生要打好三方面的基础：一是儿童身心健康发展的基础，使学生有健康的体魄；二是进一步学习的基础，养成良好的学习习惯，学会学习；三是走向社会的基础，树立良好的思想品德，养成良好的公共道德。小学教育阶段是学生发育发展最快的阶段，时间长达 6 年，跨度很大，低年级学生与高年级学生在生理、心理发展上有很大差别。小学教师要掌握小学生身心发展的一般规律和特殊规律，因人施教。《标准》中特别提出"给每一个学生提供适合的教育"。因为学生天赋是有差异的，爱好特长是有差异的。只有给每一个学生提供适合的教育，使每一个学生都能生动活泼地发展，都能获得成功，才是最好的教育，也才是最公平的教育。

5. 要求小学教师掌握综合的、宽广的知识。在"学科知识"领域，《标准》要求小学教师了解多学科的知识，掌握所教学科的知识体系、基本思想与方法，了解所教学科与社会实践的联系，与其他学科的联系。在"教育教学知识"领域，《标准》从小学教育教学基本理论、小学生品行养成的特点和规律、不同年龄小学生的认知规律、所教学科的课程标准和教学知识四方面提出了基本要求，凸显了小学教育的特殊性。在"通识性知识"领域，《标准》要求小学教师具有相应的自然科学与人文科学知识、艺术欣赏与表现知识、信息技术知识，了解中国教育基本情况。

6. 强调学生是学习的主体。小学儿童是主动发展的、享有基本权益的个体，他们具有发展性、主动性、不稳定性、可塑性等特点，他们好奇好问、天真活泼、规则意识强，在教育教学过程中处于主体和中心的位置。小学教育的目标是通过学校学习生活促进学生身心全面和谐地发展。《标准》强调，教师要创设适宜的教学情境，根据小学生的反应及时调整教学活动；调动小学生学习积极性，结合小学生已有的知识和经验激发学习兴趣；发挥小学生主体性，灵活运用启发式、探究式、讨论式、参与式等教学方式。学生的知识学习只能由学习者自身基于自己的经验而建构起来，所以，教师在教学中应重视学生的主体性、积极性，要重视培养学生的学习兴趣，因为"没有兴趣就没有学习"。学生有了学习兴趣，就能主动地学、愉快地学、刻苦地学。

7. 要求小学教师掌握小学教育教学的基本技能。《标准》处处体现"儿童为本"的理念，要求小学教师能够制定小学生个体与集体的教育教学计划、善于发现和赏识每一个小学生的点滴进步；教师既要掌握现代信息技术，恰当地运用信息技术于课堂教学和与学生的交流中，还要掌握传统的教育工具，会写黑板字、钢笔字、毛笔字；教师要善于运用小学生易懂的语言与小学生沟通，正确运用书面语言、口头语言以及肢体语言表达自己的情感和对学生的赏识和评价。

8. 强调小学教师的自我修养和终身学习。小学教师不仅要向小学生传授知识，而且要以自己的人格行为影响学生。因此，小学教师要重视自我修养，不断学习，提高自己的文化素养和业务水平。小学教师要不断反思自己的教育行为，钻研教育理论，更新教育理念，不断改进教育工作。总之，教师要成为终身学习的典范。

《标准》的颁布是我国教育界的一件大事，需要认真学习，深刻理解。本文讲了我个人的一些体会，供小学老师们参考。

（原载《中国教工》，2012 年第 7 期，略有改动）

师德就是"敬业爱生"

对于师德的重要性，习近平总书记讲得非常清楚，是因为教师是塑造人的灵魂的工作，是培养人的工作，师德话题可以说常讲常新，塑造良好师德是我们永远要坚持的。中华民族的优秀传统之一是尊师重教，一是重视教育，尊敬教师，二是教师有高尚的品德。我国1500万名教师中，绝大多数人兢兢业业，重视师德，教书育人，培养出大批的社会主义建设者和接班人，并正在培养更多的社会主义建设者和接班人。教书育人是教育的根本任务，尤其是在党的十八大、十九大上，特别强调立德树人的重要性。

习近平总书记在2014年教师节前夕与北京师范大学师生座谈时提出了好老师的四个标准，即要有理想信念、高尚情操、扎实学识和仁爱之心。因此，师德建设，一是基于我国优秀的传统文化，二是在贯彻党的十八大、十九大精神及习近平总书记关于教师要求的精神。

理想信念包括两个方面：一是坚持政治方向的问题。我们要坚持中国特色社会主义道路，培养学生具有道路自信、制度自信、文化自信。教师应注意自身言行是否符合这个要求。因此，我们要坚定理想信念，坚持马克思主义、毛泽东思想、邓小平理论和习近平新时代中国特色社会主义思想，坚持走社会主义道路，应将其放在教师师德第一位。从传统来看，《大学》中讲修身、齐家、治国、平天下，其中的核心价值观就是集体主义，将个人和家庭、国家甚至天下统一为一身，修身、齐家、治国、平天下。

二是对教师职业的认识。我们做任何一个职业，都有为自己谋生的考虑，教师也不例外，也要生存。但教师不是一般的职业，不是仅仅为了谋生的职业，它是一个事业，说大一点，关系到民族的未来和国家的强盛；说小一点，关系到一个家庭的幸福和学生个人一生的成长。教师的一言一行，可以影响学生一辈子，可以鼓励学生一辈子，也可以毁了学生的一辈子。师德本身就应更提高一步，不仅有普通人的道德，还要有教师的道德。任何一个职业都有它的道德，师德简单来说就是四个字：敬业爱生。敬业是对教师职业的认识，兢兢业业，对教师职业有敬畏之心、敬业之心；爱生就是把爱献给每一个学生，相信每一个学生都能成才，懂得学生的成才关键在于教师怎么培养。救死扶伤是医生的职业道德，敬业爱生则是教师的职业道德。

此外，是教师的专业化问题。教师要不断学习，要有专业化发展意识。对于师德问题，我们讲了很多，我去过国外很多地方，参观了很多学校，却很少听说有师德问题。为什么？恐怕师德要和专业化联系在一起，教师的专业思想、专业水平提高了，或许就不会出现师德问题了。而且，一些问题不一定完全是师德问题。比如，批评学生，批评得厉害一些，有的教师专业水平太低，办法太少或没有办法，抑或只能采取粗暴的办法。对于这样的情况，我们很难说他道德不好，也不完全是师德问题，很多与他的专业能力有关系。

今天，我们讲师德问题，讲中华传统美德，继承中华传统美德，教师更需要不断学习，不断提高专业水平，转变教育观念。特别是面对现在的学生和家长，批评得重了一点也不行。时代在变，教育方式和教育观念也在变化。总体来讲，就是我一直强调的，没有爱就没有教育，爱每一个学生就要相信每一个学生，尊重每一个学生，将教育建立在信任的基础上，互相信任，学生也要知道教师在爱他。

没有兴趣就没有学习，教师要培养学生的兴趣爱好。现在的时代是创新的时代，学生没有兴趣如何创新？怎么刻苦？最近，有一篇文章中说，清华大学办了一个钱学森班，自主招生时很多学生报名参加考试。清华大学对报名学生进行了相关测试，结果发现有些高三毕业生不如高二学生。高二学生思想解放，没有什么负担，而高三学生经过一年的"做题训练"，变成了考试机器，只会做题，没有创造性。测试的其中一个考核指标就是驱动力，即兴趣、内驱力，考核结果是这些高二学生对学习更有兴趣。

兴趣之外的另一个重要因素就是毅力。做科研会遇到各种困难，学生能不能克服困难，既需要兴趣，也需要毅力，有兴趣才有毅力。因此，师德要建立在专业的基础上，提高教师的专业水平，对教育学生有了办法，就会避免出现一些损害师德的问题。仅仅是口头讲如何加强师德建设，固然重要，但更重要的是要践行。

教书育人在细微处，学生的感情非常细腻，但又很脆弱。我们要观察学生的一言一行，他心情不好可能是有原因的，教师要因材施教，不能说办了实验班就说因材施教了，完全不是这样的。对每一个学生提出的问题，教师的回答会有所不同，体现在对不同学生的要求上。因此，教师要关注学生细微的变化，从而做出不同的处理。

学生成长在活动中，既包括课堂活动，又包括课外活动。教育部等 11 部门发出通知，在中小学中开展研学旅行，让学生走向自然，走向社会，亲身到活动中去体验，在活动中成长。

师德问题不能仅仅停留在口号上，应该和教师专业成长结合起来。教师要学习，要学习政治，要有政治理想和学科知识，懂得教育规律和成长规律，并提高人文素养。一个人的人文素养提高了，他的整个水平就提高了，道德情操也会提高。所以，我们要提倡教师认真学习、读书，提高教师队伍整体人文素养。

（原载《中国教师》，2018 年第 9 期，略有改动）

教师要读点教育史经典名著

大家知道，自有人类以来就有教育。教育是人类社会延续、发展、进步的动力。历代的政治家、思想家都关心年轻一代的成长，因此，人类自有历史记载以来，就有许多思想家、教育家的教育思想和教育经验积累和传承下来。今天的教育，无论怎样创新，总是在前人教育思想、教育经验的基础上发展起来的。我在20年前曾经给《教育史研究》杂志写过这样几句话，叫作"研究昨天，理解今天，为了更好的明天；回顾过去，正视现实，走向光明的未来"。我也经常说，搞教育的人不了解教育的历史怎么行。但碍于语言的原因，我们很多教师对外国教育发展的历史还是知之甚少。

今天，从世界范围来讲，教育正处在大发展、大变革的时期，教育的国际化、信息化迅速发展，正在改变教育的生态环境和教育的手段与方式；各种教育思潮奔涌而来，目不暇接。但万变不离其宗，教育最终还是要培养人才。在我国，教育也正处在深化改革时期，由30多年的高速发展转入到以实施教育公平、提高教育质量的轨道上。面对各种教育思潮和新的信息技术，我们该如何应对，如何选择？这就要吸取历史的经验教训。要以史为鉴，站在前人的肩膀上，探索新时代的教育规律，创造新的教育经验。我十分主张，我们的教师，特别是中小学教师都要读点教育史经典名著，这样才能有较开阔的视野，有历史的眼光，来开创教育的未来，创造新的经验。

党的十八届三中全会对教育改革提出了明确的要求，核心是把立德树人作为教育的根本任务。要完成这个任务，就要在教育观念上，对教育价值观、人才观、学生观、教学观、质量观有正确的认识，改变人才培养的模式。那么，我们就要看看我们的前辈是怎么思考的，有什么经验教训值得我们今天吸取。因此，单中惠、徐小洲教授主编的《西方教育史经典名著译丛》的出版适逢其时。

《西方教育史经典名著译丛》这套丛书精选了美国、英国和法国等国教育史学家撰著的十本在学术上造诣很深和影响很广的西方教育史经典名著。其中有：布里克曼的《教育史学：传统、理论和方法》、弗里曼的《希腊的学校》、科班的《中世纪大学：发展与组织》、伍德沃德的《文艺复兴时期教育研究》、孔佩雷的《教育学史》、伯茨的《西方教育文化史》、布鲁巴克的《教育问题史》、拉斯克和斯科特兰的《伟大教育家的学说》、克雷明的《学校的变革》、托里斯的《教育、权力与个人经历：当代西方批判教育家访谈录》。这些教育史经典著作既对西方教育史学的发展起了很大的推动作用，也在西方教育史学界确立了重要的学术地位。

就《西方教育史经典名著译丛》的构思来看，除编译者在"总序"所说的经典性、代表性、独特性这些特点外，每本经典名著的最前面还有一篇译者所写的"解读"，对该书作者的生平、著作的基本内容做了概括性论述，特别是对作者的研究方法及其特点进行了一定的分析。应该说，这有利于教师在阅读时能够更好地理解这本经典名著。

了解教育的历史才能更好地解读教育的现今和未来。因此，我认为，《西方教育史经典名著译丛》的出版，能够极大促进我国教育学者尤其是教育史学者在教育理论素养上有所提高，在教育观念上有所感悟，还在教育研究方法上有所启迪，从而推进我国教育的深入改革，推动我国教育学科的不断发展。

最后，我们要感谢《西方教育史经典名著译丛》的编译者，他们在当今学术界比较浮躁的环境下，在工作十分繁忙的情况下，用了 5 年多时间翻译这套巨著，无疑为丰富我国教育科研宝库做出了很大的贡献。

［选自 2014 年 1 月 10 日在《西方教育史经典名著译丛》（山东教育出版社出版）发布会上的发言］

谈谈教师阅读

阅读对于教师成长的重要性是不言而喻的。过去我们讲要给学生一杯水，教师要有一桶水，那么教师就要学习。现代社会，知识更新越来越快，教师要把学生教好，就必须更注重学习。教师只有一桶水恐怕不行了，还得有源源不断的流水。因此，阅读就变得更为重要了。

我每年都要给参加国家骨干教师培训计划的教师讲课。我一直主张，教师的培训不仅要培训教师把本学科的课教好，还要提升他们的文化素质、文化修养，而后者才是最根本的。过去，一些教师的功利心比较强，总是想着怎样上好一门课，怎样应付考试，尤其是高考。现在，情况有所变化，大家对教师的培训有些新想法。

教师的阅读分为学科专业阅读和跨学科阅读。我认为，要提升教师的功力，不仅需要学科专业阅读，还需要跨学科阅读。我们的语文教师应该读点科普类作品，我们的数学教师应该读点文学作品。这种读书虽然不能直接让教师学会怎么讲课，但是提高了他们的人文素质、人文修养。教师的自身素质提高了，他的教学方法也会改进了，教书育人能力也提升了，独特的教学风格也形成了，那么，他的教学质量自然也提高了。

教师阅读十分重要，这点大家都知道，无须赘言。提升教师阅读素养关键在如何落实。我觉得推动教师阅读的落实与我们的基础教育有很大关系。

当前，我国的中小学教师工作负担很重，压力很大。我到中小学调查，很多教师都反映没有时间阅读。这十几年的教育改革，我们在一些方面有了很大发展，但事实上应试教育并没有根本改变，许多改革依然走上了应试教育的轨道，这在一定程度上影响了教师的工作。教师想到的总是如何让学生考得好，很少考虑怎样提升自己的文化水平，这是当前的一个最大问题。教师当然知道读书的重要性，但因为应试教

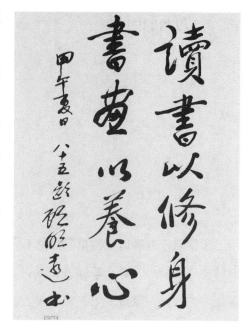

育的压力，他总感觉到没有时间读书。所以我觉得，当前，要想促进教师阅读，问题的关键不在于让教师知道阅读的重要性，而在于怎样通过基础教育改革让教师的阅读得到有效落实。

我们搞出版的也好，搞教育研究工作的也好，都有责任想办法给教师提供优秀的读物。我在十多年前，曾和钱理群先生一起主编过一套《现代教师读本》，由广西教育出版社出版，包括人文、科学、教育、艺术、生活情趣五卷。这套书受到了大家的喜欢，截至目前，已经发行了好几版了。现代社会是一个多媒介时代，我们的阅读不仅仅是纸质的阅读，还有互联网的阅读。我们要把线上、线下阅读结合起来。这就要求我们一方面要出版好的纸质阅读材料，另一方面要充分利用多种媒体资源来引导教师阅读。

教师的阅读能带动孩子的阅读，孩子的阅读也能促进教师的阅读。为什么这样说呢？我是有亲身经历的。我的家乡是以华西村而出名的江阴，20世纪八九十年代，这儿的经济已经非常发达了，但农村的文化氛围却很差。农

村的人家已经有三层小楼了，可是家里却没有书，没有报纸。有一次，我回家乡，到了当地一所小学校，学校要求小学生的家里有个小书房。有几本书学校请我题字，我就写了一句"从小书房走向大世界"。这句话我当时并没有特别的考虑，结果这句话后来就变成这所学校的品牌了，也带动了整个村子的人阅读。当时是一个小书房，有几本书，后来村子里家家都有了图书室。我为什么举这个例子呢？我想说的是，学生的阅读也能促进家长、教师的阅读。2017 年的世界读书日我在濮阳，本来是去一所学校，结果碰巧濮阳市成立全民读书协会，便邀请我去参加开幕式。所以我们说教师的阅读不仅能带动学生的阅读，也可以带动全民的阅读，反过来，全民的阅读也能带动教师的阅读。

（选自 2018 年 4 月 21 日在"教师阅读与基础教育"课题座谈会上的讲话）

教师成长的 5 项修炼

过去我曾经写过，教师也要达到王国维在《人间词话》中说的做学问的三个境界：昨夜西风凋碧树，独上高楼，望尽天涯路；衣带渐宽终不悔，为伊消得人憔悴；众里寻他千百度，蓦然回首，那人却在灯火阑珊处。

为了达到这三个境界，我认为教师成长需要经过 5 项修炼，即意愿、锤炼、学习、创新、收获。

第一项修炼是意愿。首先愿意做一名教师，这是教师成长的基础。其次要认识教师职业的特点和重要性，教师不同于一般的职业，他面对的是正在成长中的生动活泼的儿童。儿童的成长关系到民族的未来、家庭的幸福和儿童一生的发展。习近平总书记说过"教师是人类灵魂的工程师，是人类文明的传承者，承载着传播知识、传播思想、传播真理，塑造灵魂、塑造生命、塑造新人的时代重任"。苏霍姆林斯基曾经说过，教师要"把整个心灵献给孩子"。有了这样的信念，教师才会逐步成长发展。

第二项修炼是锤炼。教师在教书育人过程中总会遇到许多问题和困难，教师要不断反思自己的教育行为，不断改进完善。新教师从入职到成熟，要有一个过程，需要熟悉学生、熟悉课程、熟悉教材、熟悉环境，向老教师学习怎样备课，怎样进行课堂管理。《学记》中说："君子既知教之所由兴，又知教之所由废，然后可以为人师也。"也就是说，教师要诚心施教，因材施教，否则就达不到这个目的。又说，教师要了解学生的情况，根据不同的情况指导学生学习。"学者有四失，教者必知之。人之学也，或失则多，或失则寡，或失则易，或失则止。"就是说，一个人学习的时候往往有四种失误：或者贪多，或者学得太少，或者把学习看得太容易，或者遇到困难就放弃。教师要了解学生的实际情况，并据此做出不同的要求。教师在教育教学过程中会遇到许多问题和困难，要不断锤炼意志，提高业务能力，改进工作。

第三项修炼是学习。教育中遇到问题怎么办？就要学习，向老教师学习、向书本学习、向实践学习。听老教师的课，和老教师一同备课，有困难谦虚地向老教师请教。向书本学习就是要读点书。读书有两类，一类读书是为了提高业务水平。学习所教学科的知识，了解课程的改革，钻研教材；还要学点教育理论，了解教育新理念和教育改革新经验。我建议老师读点中外教育史，可以得到启发和借鉴。另一类读书是为了提高自己的修养。我觉得这类读书更重要，它能长见识，悟道理。只有提高了文化修养，才能领悟到教育的真谛，提高教师育人的本领。我主张，理科老师读点文学艺术作品，文科老师读点科普作品，了解当今世界的科技发展，从而增长见识，提高人文素养。

第四项修炼是创新。改革创新是教育发展的动力，教育是日新月异的事业。教师每年都会遇到新的学生，他们越来越年轻，今天的教育对象已经是"10后"，以后还有"20后""30后"。教师不能用老一套的办法对待新一代的学生，要有新思想、新办法。信息技术、人工智能的发展，必然会引起教育的变革，新的教育模式、新的教育方式会不断地出现。未来教育最大的变革，应该是从教师的"教"转变为学生的"学"，教师需要不断学习，转变观念，勇于创新。只有教师有创新精神，才能培养学生的创新精神和创造能力。

第五项修炼是收获。在前四项修炼以后，教师就能成为成熟的、优秀的好老师，受到学生的欢迎并使家长满意。看到学生的成长，教师就会有一种成就感和满足感，同样，看到学生的成长，看到他们在事业上有成就，教师就会有幸福感。收获也需要修炼，因为教师的收获不是物质的回报，而是精神的满足，教师对儿童的爱不同于父母的爱，是对国家、对民族、对未来的爱的体现。

著名教育家李吉林老师就是经过五项修炼成长的典型例子。20 世纪 80 年代，她开始进行情境教学实验的时候，就遇到过很大的困难，但她心怀教育、热爱儿童、不畏艰难、努力实践；她到华东师范大学拜刘佛年校长为师，进修学习，提高专业水平；她在实践中不断创新，由情境教学发展到情境教育，创造了植根中华大地的情境教育理论体系，取得了育人和理论创新的丰硕成果，成为著名的教育家。

通过五项修炼，达到做学问的三个境界，是不是可以说反映了教师成长的规律？

（2019 年 7 月 15 日）

中国教育家的话语体系

教育是国家发展的基石，教师是基石的奠基者。古人云："国将兴，必贵师重傅。"兴国必先强教，强教必先重师。党中央、国务院高度重视教师队伍建设。2013 年教师节，习近平总书记在给全国广大教师的慰问信中指出："百年大计，教育为本。教师是立教之本、兴教之源，承担着让每个孩子健康成长、办好人民满意教育的重任。"2014 年教师节前夕，习近平总书记到北京师范大学视察并发表重要讲话，指出："一个人遇到好老师是人生的幸运，一个学校拥有好老师是学校的光荣，一个民族源源不断涌现出一批又一批好老师则是民族的希望。"《国家中长期教育改革和发展规划纲要（2010—2020 年）》明确提出，"有好的教师，才有好的教育"，要"努力造就一支师德高尚、业务精湛、结构合理、充满活力的高素质专业化教师队伍"。"倡导教育家办学"，要创造有利条件，鼓励教师和校长在实践中大胆探索，创新教育思想、教育模式和教育方法，形成教学特色和办学风格，造就一批教育家。"两个一百年"奋斗目标的实现、中华民族伟大复兴中国梦的实现，归根结底靠人才、靠教育，而支撑起教育光荣梦想的，是千百万的教师。

时代呼唤好教师。有一流的教师，才有一流的教育；有一流的教育，才有一流的国家。出名师、育英才、成伟业，是时代赋予我们教育战线的神圣使命。"所谓大学者，非谓有大楼之谓也，有大师之谓也。"好学校、好教育的最重要标准，就是要有好教师。一所学校、一个地区乃至一个国家，如果教师有理想、有爱心、有学识、有高超的教育艺术，那么硬件设施即使有些简陋，家长、学生也会心向往之。教师是中国梦的奠基者。教师的重要使命就是为每个孩子播种梦想、点燃梦想，并帮助他们实现梦想。每一间平凡的教室，每一个朴实的课堂，都不仅代表知识的传递，更代表人类文明精神的接续、人生梦想的起航。正是有亿万个孩子梦想的放飞、绽放，中国梦才更加光彩夺目。如果说中国梦最坚实的土壤是在学校，那么教师就是最伟大的"筑梦师"，他们用默默无闻、孜孜不倦的智慧劳动，让每一颗年轻的心灵都与中国梦激情相拥。

倡导教育家办学，造就一批好教师，首先要尊重和珍惜我们的本土智慧、本土创造。教育家不是凭空产生的，而是扎根于自己的民族文化土壤，同时吸收一切人类文明成果，从而创造出独特而生动的教育实践、教育智慧和教育文明。五千年源远流长的中华文明，不但形成了有我们民族特色的教育理论话语体系，而且涌现出了千千万万优秀的教育家，有被推崇为"大成至圣先师""万世师表"的孔子，有"匹夫而为百世师，一言而为天下法"的韩愈，有"捧着一颗心来，不带半根草去"的人民教育家陶行知，等等。改革开放30多年来，随着教育改革的不断深入，教育战线涌现出了一大批杰出教师。他们钟情教育事业，坚守理想信念和教育良知，在三尺讲台上默默耕耘、刻苦钻研，同时以敢为天下先的精神大胆创新、不断进取、不断超越，形成了各具特色的教育思想和教学风格。正是他们的成功探索和实践，创造了具有中国风格的教育经验，丰富了具有中国特色的教育理论宝库。原由教育部师范教育司组织编写，现由中国教育报刊社人民教育家研究院具体组织编写的《教育家成长丛书》，就是要向这些可贵的本土创造性的教育经验致敬。

当前，教育领域综合改革正在深入推进，考试招生制度改革的大幕已经拉开，立德树人、培育和践行社会主义核心价值观成为大中小学教育的头等任务。可以预见，中国教育将发生深刻的变革，将从"中国制造"向"中国创造"转变。没有革命的理论，就没有革命的运动。没有适合中国土壤、具有中国智慧的教育理论，就不可能为未来的中国教育改革提供有效的指导。我们的教育要向"中国创造"飞跃，必须要首先创造属于我们自己的教育理论，而不是"言必称希腊"或者总是贩卖欧美的教育理论。170 多年前，美国思想家、诗人爱默生发表了著名演说《美国学者》，号召美国知识界："我们依赖旁人的日子，我们师从他国的长期学徒期时代即将结束。在我们周围，有成百上千万的青年正在走向生活，他们不能老是依赖外国学识的残余来获得营养。"由此，美国迈向精神立国阶段。

如今，我们也面临与爱默生同样的情形。随着我国 GDP 从世界第二向第一迈进，我们的经济崛起已成为事实，但在道德文明、文化精神等方面，我们还需奋起直追。没有文明的崛起，经济崛起就难以持续。当务之急，是我们需要化解内心深处的文化自卑情结、摆脱对他国文明的精神依附，自觉养成强烈的"中国意识"、独立的中国文化品格，并由此去俯瞰世界，去改造本土实践，去创造属于我们自己的精神养料——这在教育界显得尤为紧迫。《教育家成长丛书》旨在把我们本土教育实践中蕴含的中国智慧提炼出来，从而形成具有时代意义的中国特色的教育话语体系，再以此去观照、引领、改造中国的教育实践，为伟大的教育改革提供经验和理论支撑，也为未来的教育家提供丰富、可资借鉴的精神养料。

让我们为中国教育的伟大未来一起努力吧！

（选自 2015 年 3 月 9 日为《教育家成长丛书》作的总序，略有改动）

经久不衰的苏霍姆林斯基教育思想

我对苏霍姆林斯基并不陌生。早在 20 世纪 80 年代初，北京师范大学刚刚成立外国教育研究所时，我就看到了苏霍姆林斯基的几本书，我们组织翻译的第一本书就是《要相信孩子》。这本书原名为《要相信人》，但当时正是"文化大革命"之后，人们对"人"的认识还受到批判"人性论"的影响，翻译这本书的时候，我们还专门商量，结果改为《要相信孩子》。其实，苏霍姆林斯基的原意是"要相信人"。这本书一直到现在还是沿用当时的译名，将来是不是需要还原？

相信人，不光指孩子。孩子当然也是人，但相信人还有更深的含义，包括要把孩子当作人，尊重孩子、信任孩子、理解孩子，充分认识他们的能力。当时我还看了苏霍姆林斯基的《把整个心灵献给孩子》，很是震撼。早些时候，对我们影响最大的是凯洛夫的《教育学》，陈侠等人参加翻译的。凯洛夫教育学强调教师的主导作用，教师是权威。教师的作用当然是重要的，但是没有把孩子、学生放在重要地位。当时强调教学大纲、教材等，都是国家的文件，都是不能动的。在那种情况下，我们接触到苏霍姆林斯基觉得非常新鲜，非常有意义。

当时北京师范大学外国教育研究所，就是现在的国际与比较教育研究院，懂俄文的人比较多，所以我们马上组织人翻译苏霍姆林斯基的教育思想。后来他们陆续退休了，现在只剩下肖甦教授一个人。肖甦教授深入研究苏霍姆林斯基，与苏霍姆林斯卡娅联系也比较多，每年都有来往。但是，我们没有像孙孔懿先生一样，花大功夫写成《苏霍姆林斯基评传》和《苏霍姆林斯基教育学说》两部书，我觉得孙孔懿先生真了不起。其实我们也有责任写，但是我们没有写，是孙先生完成了。我觉得今天首先要祝贺孙先生出了两部这样的大书。书中，他对苏霍姆林斯基的教育思想、教育学说做了详细的研究。而我们只是很皮毛地学习了苏霍姆林斯基的思想，只是觉得他的思想很好，很符合时代精神。事实上我们也看到，苏霍姆林斯基的著作介绍到中国以后，立即受到中国读者的欢迎、崇拜，引起了热烈反响。

改革开放以后，我们面向世界，引进了很多的教育思想，有布鲁纳的，布卢姆的，皮亚杰的，等等，而唯独苏霍姆林斯基的思想经久不衰。其他一些教育家，现在都不大提到了，唯独苏霍姆林斯基的思想可以说深入人心。他的学说与我们培养学生的全面发展和个性发展相呼应，与我们的教育方针也是符合的，与我们要培养和谐的人的教育思想也是相符的。苏霍姆林斯基提倡相信人，这是他的中心思想。他提出把整个心灵献给孩子，就是把生命交给孩子，这也是我们当前教育界所追求的。

2018年教师节我们召开的全国教育大会，有一个特点，它不叫教育工作会议，叫教育大会，说明教育不只是教育工作者的事，是全社会的大事。这次教育大会，是全社会的大会。这次会议规模虽小，但规格很高。从党的十四大开始，将教育视为民生工程，这次大会又提出教育是国之大计、党之大计，要"以人民为中心"，办人民满意的教育。我们现在讲立德树人是教育的根本任务，就是要培养德智体美劳全面发展的社会主义建设者和接班人。

苏霍姆林斯基很重视儿童的精神世界，读书不仅仅是传授知识，劳动也不仅仅是把学生带去做工，而是要培养儿童的精神世界。这很符合我们今天立德树人的要求。为什么苏霍姆林斯基的教育思想经久不衰，就是这个原因。

今天，我们还应要求老师们多读读苏霍姆林斯基的书，因为他对怎么培养学生的各个方面，都讲得非常具体。《给教师的建议》（原版名为《给教师的一百条建议》）虽然不是我翻译的，但我也参与了校订。一百条建议，从教育的理念到教育的方法，方方面面都讲到了。今天，正值苏霍姆林斯基诞辰100周年，确实值得我们纪念，他的思想确实值得我们学习。

（选自在苏霍姆林斯基诞辰100周年座谈会暨《苏霍姆林斯基教育学说》首发式上的发言）

学习蔡林森"先学后教"的教育思想

蔡校长已逾古稀之年，从江苏洋思中学到河南永威中学，几十年孜孜不倦培养一代又一代学生，他的教育思想永放光芒。为什么他的教育思想经久不衰？我觉得有下面几点。

第一，他热爱教育事业，热爱学生。蔡校长已年逾古稀，但仍然心系教育，他抛开了在富裕的家乡过退休赋闲的生活，跑到河南的西部农村办学，为的是什么？为的是教育，为的是我们民族后代的发展。他每天起早贪黑，以校为家，他的人生就是教育，教育就是他的人生，他把一生奉献给了教育事业。我曾经说过，要成为一名优秀的教师，首先要有做教师的意愿。教师不只是一个普通的职业，教师的工作关系到儿童的未来、国家的命运、民族的兴衰。蔡校长把儿童装在心里，把祖国装在心里，所以才能取得今天这样的成绩。

第二，他有一个信念，就是"以人为本""以学生为本"。他相信每一个学生，充分认识到学生都有其内在的潜力，相信每个学生都能成才。每一个教育工作者必须具备这种信念。有了这样的信念，教师才能全心全意扑在教育上，才能真正地热爱学生。他的"以学生为本"的教育思想，指导着学校的工作，引领着全校教师员工为学生的发展而努力服务，所以教育质量就很快提升了。

第三，他在教育中"以学生为主体"。"先学后教"的思想就是把学生放在主体地位。现在大家都在讲，未来教育是要把教师的"教"转变为学生的"学"。那么，蔡校长的教育思想已经超前了多少年。当然，未来的学，在信息化时代，还有新的含义。但这种转变，都是建立在"以学生为主体"的理念之上。这种理念值得大力提倡。当前的教育现实中，许多老师仍然认为自己是主体，认为自己是知识的权威，学生只是接受教育，被动学习。教师可能在课堂上向学生提出许多问题，叫了许多学生起来回答，看起来也很热闹，但提的问题是老师的问题，不是学生的问题，还是没有体现学生的主体性。蔡校长不是那样，他始终把学生放在主体位置上。"先学后教"就是以学生为主体的具体体现。先由学生自学，发现问题，再由老师讲解，这就有的放矢，真正解决了学生的疑难问题。同时学生先学，可能会有自己的体会，不会因为老师先讲了，先入为主，影响学生自己的领悟。当然"先学后教"是一般方法，具体应用还要视不同科目、不同教学任务而定。

第四，蔡校长始终把课堂教学作为培养人才的主渠道。蔡校长一直认真抓课堂教学，让老师上好每一节课。他提出"当堂练习"，使学生在课堂上就学懂练会。这是减轻学生课业负担最重要的方法。学生在课堂上学懂学会了，课外作业就不需要那么多了。现在许多学校不是把精力放在上好每一节课上，而是放在课外作业上，给学生留许多家庭作业，使学生埋在作业堆里，没有时间思考，没有时间锻炼身体，没有时间参加自己喜爱的文体活动。蔡校长的"先学后教"和"当堂练习"，让学生先学，先思考，当堂练习，当堂学会，减少了作业，减轻了负担。

第五，严格管理。学校能有序进行，需要有制度保障。无论是洋思中学，还是永威学校，蔡校长都重视制度建设，建立了每位教师的岗位责任制。教师有章可循，校长依规进行监督检查，使学校工作有条不紊。所以永威学校能够在短短几年时间内取得成功。

　　蔡校长还有许多办学思想和经验，我也说不周全，以上只是我对蔡林森教育思想的一些体会。祝愿蔡校长身体健康，永葆青春。

　　（根据 2019 年 4 月 13 日在第四届蔡林森教育思想研究会上的发言整理）

像吴正宪那样做教师

2014年教师节前夕，习近平总书记在与北京师范大学师生座谈时提出好老师的四个标准，即要有理想信念、道德情操、扎实学识、仁爱之心。怎样做到这四点？那就请看《跟吴正宪学当老师》和《跟吴正宪学教数学》这两本书。

吴正宪是北京市数学特级教师。不仅北京地区的小学老师知道她，全国各地的小学老师中也有许多她的崇拜者。她之所以有这样的知名度，就是因为她完全符合"好老师"的要求。

吴老师热爱孩子，热爱教育事业。她把自己的生命融入小学数学教育。她认为，教师既有付出，也有收获。教师收获的是孩子们的真诚与渴望、是儿童成长的愉悦、是人生价值的实现。这种对教师的认识是其成为好老师的最重要的基础。

教育既是科学又是艺术。教育是科学，就要有扎实的学识。吴正宪不仅具有扎实的数学功底，而且具有广阔的视野，在几十年的数学教育生涯中建立了儿童数学教育理论体系。教育是艺术，就要善于创造性地把知识传授给学生。吴正宪的儿童数学教育理论体系就包含了儿童数学教育思想和教学艺术实践两个方面的内容，而教学艺术实践体现了她的教学风格。

吴正宪认为，进行儿童数学教育，首先要了解儿童。儿童是独立的自由主体、是活生生的人、是在发展成长中的人，因此要充分发挥儿童的积极性、主动性。这也是我一直主张的思想，即学生是教育的主体，教师的主导作用就在于启发学生的主体性。

教育是艺术，优秀教师必然有自己的教育风格。吴正宪的教育风格大家可以在这两本书中体会到，我不敢贸然概括。我听过她的公开课，我的感觉是，她的教学明快流畅、紧扣主题、启迪思维、步步深入、引人入胜。

《跟吴正宪学当老师》和《跟吴正宪学教数学》两本书，是她的弟子，一批年轻教师记录的吴正宪老师教书育人、做人做事等方面的故事，以及他们的感悟。书中没有理论的说教，而是透过一个个鲜活的故事，讲述吴正宪老师的教育思想和教育艺术；透过一个个鲜活的故事，讲述吴正宪老师怎样手把手地引领年轻教师的成长。两本书内容丰富，故事性强，具有可读性。我相信读者通过这两本书，可以更深入体会到一位好老师的精神实质和她的教育智慧，而且会得到某种启迪，从而提高自己的教育品位。

（选自 2018 年 5 月 21 日为《跟吴正宪学当老师》《跟吴正宪学教数学》两本书作的序，略有改动）

把全部心灵献给儿童的人

——深切怀念李吉林老师

2019 年春节收到了李吉林老师寄来的年历，还通了电话，互祝春节快乐。前天忽然噩耗传来，她却离我们而去。这个事实，实在难以让人接受。悲痛之余，想想我们的友谊以及她对基础教育的贡献，怀念和敬爱之情油然而生。

我们是 1981 年在长沙召开的中国教育学会小学语文教学研究会理事会上认识的，至今已有 38 年。除了在中国教育学会以及其他教育问题研讨会上见面外，我还多次参加了李吉林情境教育思想研讨会，而且每年春节我们都要互通电话，互致问候，有深厚的友谊，她的离去，使我悲痛不已。

李吉林老师是在中国大地上创造情境教育理论体系的教育思想家和教育实践家，是新中国成立以来开出的一朵教育奇葩，对中国基础教育的改革和发展产生了巨大的影响。

我曾经讲，教师的成长需要经过五项修炼，即意愿、锤炼、学习、创新、收获。李吉林老师就是经过这五项修炼成长起来的教育家。

李吉林老师热爱教育事业，热爱儿童，研究儿童，这就是她做教师的意愿。60 多年的教育生涯，她把整个心灵都献给了儿童，满怀童心、爱心，时刻离不开儿童。据说，她病了，选择的医院就在学校旁边，窗户对着学校，她每一天都要推开窗户，看看学校孩子们的活动，听听儿童欢笑的声音。每个人听到这些，都会潸然泪下。这是什么感情？这是她对教育深沉的爱、对儿童炽热的爱，所以她说："爱，是好老师的第一素养。"

李吉林老师在开展情境教育实验的时候，并不是一帆风顺的。当初遇到了许多困难，有些老师并不理解。她曾经向我诉说过遇到的困难和苦闷，我非常理解。但她矢志不渝、心无旁骛、不断锤炼、不断创新，克服了重重困难，终成正果。

李吉林老师勤于学习，善于学习。她在开展情境教育实验的时候，为提高教育理论水平和专业水平，到上海的华东师范大学拜刘佛年校长为师，进修教育理论和语言文学，不仅提高了自身教书育人的能力，而且极大地提高了个人的文化修养，透彻地悟出了教育的真谛。

李吉林老师在情境教育实践中不断创新。情境教育理论体系不是一下子就建立起来的，而是经过了李吉林老师的不断锤炼和不断创新。第一步，进行情境教学，运用教育学、心理学等理论探索儿童认知的规律，把儿童的注意、观察、思维、想象以及非智力因素调动起来，促进儿童智能、情感、品质的发展。第二步，把情境教学拓展为情境教育，不限于教学，而是关注儿童认知、思维、社会情绪、人格养成的全面发展。第三步，把情境教育拓展到各学科，逐步形成了独特的情境课程；提出"儿童—知识—社会"这三个情境课程的维度，并概括为"以美为境界、以情为纽带、以思为核心、以儿童活动为途径、以周围世界为源泉"的操作要义。这对我国课程教学理论的发展具有重要的意义。从情境教学的探索到情境教育的构建，再到情境课程的开发，这就是李吉林情境教育思想从实践到理论，又从理论回到实践的深入的过程，也是李吉林情境教育思想的三部曲。

李吉林情境教育理论体系的形成，标志着中国特色的、原创的教育理论学派的出现和成熟。这是李吉林老师的最大收获，也是对我国教育理论的最大贡献。

李吉林老师能有这样的成就，是与她的为人和她的精神境界分不开的。她对教育事业的真挚情感、对儿童的爱使她一生追求儿童身心、情感、智慧、人格的全面发展；她淳朴、善良、高尚的内心世界和灵动而质朴的教风、文风，使她成为真、善、美的化身，成为教师的楷模。今天，音容已逝，但她的精神永远留在我们心中。这正是：

情怀教育，深爱儿童，坚守三尺讲台教书育人；

扎根大地，不断创新，首创情境教育理论体系。

（2019 年 7 月 21 日）

育人篇

教学过程的本质就是发展人的思维

    人人都有思想，都能思维，但并非人人都具有良好的思维品质。思维是有多种品质的，如思维具有敏捷性，有的人思维很敏捷，遇到事物反应比较快，有的人思维比较缓慢，反应比较迟缓；思维具有逻辑性，有的人说话很有条理，有的人说话混乱不清；思维具有深刻性，有的人思考问题很深入，有的人思考问题很肤浅；思维还具有广阔性、开发性、创造性，有的人思维很开阔、点子很多，能够捕捉机遇，有的人则喜欢钻牛角尖，固执于一隅。另外，有些人逻辑思维比较强，有的人形象思维比较强。总之，每个人都有不同的思维品质结构。如有的人思维很敏捷，但不深刻；有的人可能思维比较缓慢，但思考问题较深刻。

    我们的学生也有不同的思维品质，在上课时就能看出来。有的孩子反应很快，老师一提问就立即举手，但回答问题不一定很准确；有的孩子看似迟缓，但回答问题却较为深刻。因此，教师在教学过程中要了解每个学生的思维品质，加以引导培养，取长补短，使学生形成良好的思维结构。所谓良好的思维结构，就是既具有敏捷性，又具有深刻性；既具有深刻性，又具有广阔性、开放性，更重要的是具有创造性。

    思维之所以重要，是因为思维能改变人生，甚至改变世界。我们通常说"乔布斯"改变了世界，因为他制造了个人电脑，并推出苹果手机，把互联网装进了我们的口袋；我们说"马云改变了商业模式"，因为他创造了电商。

这就是创造性思维改变了定式思维。世界科技的进步，无一不是人的创造性思维的结果。再举一个小小的例子。传统的缝纫靠一根针一根线，线要靠人将其穿过针的粗的一头。用这种缝纫方式做一件衣服是很缓慢的。不知道是谁发明了把线穿过针的针头，这就出现了缝纫机，做衣服的速度不知快了多少倍。这都是思维的改变所带来的改变。

所以，我们的教学过程要注意培养学生的思维。当今世界，科学技术日新月异，新鲜事物层出不穷，互联网、人工智能正在改变人类的生产和生活。一个人如果没有良好的思维品质，没有无定式的创新思维，就很难适应变革时代的生存要求。

不论是什么学科，都需要认真研究如何通过教与学培养学生的思维。当前无论是提倡的参与式教学、探究性学习，还是基于项目的学习（PBL）、STEAM教学，都是为了让学生在学习活动中勤于思考、学会思考、发展思维。

我提倡"学生成长在活动中"，这里说的活动更注重的是思维活动。在课堂上，教师要激发学生思考，而不是把现存的结论传授给学生；在课外活动中，要通过学生的动手动脑，启发学生思考。不要将"学生成长在活动中"误解为就是让学生热热闹闹、蹦蹦跳跳地活动，而是要在思维活动中成长。课堂教学仍然是培养学生思维活动的主渠道。当前的教育改革一定要以课程改革为中心，深化课堂教学改革，上好每一节课，教好每一个学生。同时，要让学生走出去，走向大自然、走向社会，让他们长见识。长见识对于培养学生创造性思维是很重要的，见识广了，思维就有开放性、广阔性，就能想出许多点子出来，这就是创造。同时老师也要引导、培养，遇事引导学生想一想，在想一想的过程中就发展了思维。

（原载《中学语文教学》，2008年第10期，略有改动）

课堂教学是培养人才的主渠道

近些年来，我国基础教育改革轰轰烈烈，学生生活生动活泼，素质教育有所推进。但对课堂教学的改进，似乎重视得不足。我曾经在多所学校听过一些课，教师的教学确有改进，但尚未达到满意的程度。我们到学校访问，校长往往会让我们看孩子们琳琅满目的作品、丰富多彩的表演。但等到课堂上听课，就感到不尽如人意，有个别教师甚至出现概念性的错误。于是我想说，提高教育质量，首先要把课教好。课堂教学仍然是培养人才的主渠道。我们提倡学生参加丰富多彩的课外活动，目的是提高学生的学习兴趣，发展学生的特长，扩大学生的视野，是对课堂教学的有力补充，是让学生把课堂上学习的知识应用于实际的重要形式，但我们不能忽视课堂教学的主渠道作用。

为什么这样说？

第一，课堂教学是完成国家课程标准要求的主要形式。国家课程标准是为落实国家教育方针、培养德智体美劳全面发展的社会主义建设者和接班人而制定的具体的教育内容，体现了国家意志。国家课程标准规定了课程的总目标和各学科要掌握的知识、能力和情感、态度、价值观。只有达到了课程标准的要求，才能完成育人的任务。

课程标准的实施关键在教师的课堂教学。课程标准的实施有几个层次。最高层次是国家课程标准，我们可以称它为理想课程。第二个层次是开发课程，即按照国家课程标准编制的课本。编制课本的专家一方面要充分理解国家课程标准的精神和要求，另一方面要了解教师教学的情况和学生接受理解的能力。第三个层次是实施课堂，即教师的课堂教学。这是把理想课程变为现实的最关键的环节。因此，教师必须认真学习研究国家课程标准和各学科的标准要求，认真上好每一节课，教好每一个学生。优秀的高水平的教师能够充分完成国家课程标准的要求，甚至还可以补充开发课本，弥补课本中的不足。反之，如果课堂教学搞不好，国家课程标准就会落空。如果说还有第四个层次，那就叫习得课程，即学生实际获得的知识和能力，养成正确的价值观和态度。这就取决于教师的课堂教学的水平。可见，其中实施课程，即课堂教学是最重要的环节。

第二，课堂教学是培养发展学生思维的主渠道。课堂教育不只是简单地传授现存的知识，而是要在教学过程中调动学生的学习积极性，引导学生探索和思考，通过对课文的辨析，培养学生的思维能力。传统的课堂教学往往只是教师提问，学生回答，很少让学生自己提出问题，自己探索寻求答案。有的教师把课文分析得很透彻，但学生接受了多少却是一个未知数。著名教育家吕型伟说，教学要让学生发现问题、提出问题。发现问题需要思考；提出问题，特别是提出与教师不同的意见，还需要有点勇气。这几句话说得很精辟。只有会思考并能提出问题，才能培养学生批判性思维、创新思维的能力。联合国教科文组织 2015 年的研究报告《反思教育：向"全球共同利益"的理念转变?》中提到，面临当前的社会挑战，学习方式需要改变，要重新定义学习的概念。"学习可以理解为获得信息、认知、技能、价值观和态度。学习既是过程，也是这个过程的结果；学习既是手段，也是目的；学习既是个人行为，也是集体努力。学习是由环境决定的多方面的现实存在。"[①] 报告

---

① 联合国教科文组织. 反思教育：向"全球共同利益"的理念转变? [M]. 北京：教育科学出版社，2017：9.

批评当前国际教育讨论时张口闭口谈学习，主要关注的是结果，也即学习成绩，而往往忽视了学习的过程，忽视了对于个人和社会发展具有重要意义的知识、技能、价值观和态度。面对当前社会、经济的变革以及科技的日新月异，许多研究表明，当今社会，展开竞争的不是机器人本身，而是人的头脑。那种现在社会上最热门的职业，五年十年前并不存在，今后的变化更是难以预测，只有不断学习，掌握不定式的思维方式才能适应时代的变化。因此，课堂教育要帮助人们改变思维方式和世界观。

第三，学习不是个人的事情，需要在集体中进行。当前有一种误解，认为个性化学习就是个别学习、孤立的自我学习。其实，学习需要在集体环境中存在。正如前面联合国教科文组织的报告中说的，学习既是个人行为，也是集体努力。课堂教学是集体学习最好的场所，学生在课堂上与老师及同伴互相讨论、互相启发，甚至互相争论，都能促进思维的发展，对知识产生深刻的理解。我们成人也有这种经验，在座谈会时，听了别人的发言会得到启发，甚至会推翻自己原来的想法。同时，学生在与同伴共同学习中可以培养沟通的能力和合作的精神，这是当今社会最重要的品质和能力。

第四，课堂教学要靠教师来实施。教师不仅是知识的传授者、学习的组织者，而且其一言一行都在影响着学生。教师自身的知识魅力和人格魅力都会在课堂教学过程中展现出来，影响着学生。毕业生有时到老还会记住某位老师上课的情景。所以，立德树人的任务也主要通过课堂教学来实现。

强调课堂教学，并不是否定课外活动。课外活动可以丰富学生的生活、激发学生的兴趣、培育学生的合作精神等，特别是可以让学生走出校门、走向大自然、走向社会，可以把课堂学习的知识应用于实际，培养实践能力，可以增长知识、扩大视野。但这些必须在课堂学习的基础上进行。如果学生的课程没有学好，也谈不上将知识应用于实际，也不可能在实践中有深刻的体会。因此，课堂教学是基础，是立德树人的主渠道。

当然，课堂教学需要改革。在当今信息化、数字化和人工智能的时代，传统的课堂教学已经不适应形势的要求。现在的儿童是信息时代的"原住民"，他们出生不久就接触到新技术，在牙牙学语的时候就会玩手机、玩平板电脑。他们从各种媒体获取的知识可能超过老师。同时，儿童是天生的创造者，他们富有好奇心、想象力。因此，当前课堂教学改革的核心是把教师的教转变为学生的学。要充分挖掘学生的潜力，发挥他们的潜能。教师要充分认识信息技术的个性化、开放性、互动性、兴趣性的特点，但是也要认识到，处理不好，信息化会带来负面的影响。教师要善于恰当地利用这些特点来改变课堂教学的模式和方法。

因此，办好每一所学校，教好每一个学生，中间要加一句，上好每一节课。校长的精力要放到课堂上，要走进课堂、走近教师，和教师共同商讨改进教学的办法，促进课堂教学质量的提高。

（原载《中国教育报》，2018 年 9 月 5 日，略有改动）

从教到学的转变

今天我国教育的发展到了一个转变的时期，即到了一个从数量的发展转变到提高质量的关键时期，从传统教育方式转变到现代化教育方式的重要时刻。转变的重要方面就是从教到学的转变。以往我们的教育理论也好，教育方式也好，重心总是在教的方面，是教的体系。现在我们要把目光转到学生的学上。今天特别要改变学生被教育、被学习的局面，要形成"我要学、我喜欢学"的局面。我们要充分认识到学生自身具有的学习积极性和学习能力。有好奇心是儿童的天性，"我要学"也是儿童的天性。但是我们现在的教育方式恰恰违背了儿童的天性，强迫学生学习，用大量的习题、考试、竞赛等外在的压力逼迫儿童学习。结果是儿童的天性被压抑，兴趣爱好被抹杀。因此，今天的教育改革就要把力量放在从教到学的转变上。

这种转变符合时代的要求，符合人才发展的规律。当今时代是不断变革、不断创新的时代。科学技术发展日新月异，社会发展瞬息万变，如果还是用传统的方法把现存的知识灌输给学生，让学生整天埋在作业堆里，把学生变成考试的机器，将来他们怎么能走向现代社会？怎么能适应世界的变化？

信息技术的发展也要求教育方式加以改变。互联网扩宽了学习的环境，改变了学习的方式。学生可以时时学、处处学。教师已经不再是知识的权威。教师要成为学生学习的引路人，而不是知识的灌输者。

教育要从教转变到学，就要把学生放在主体地位，相信学生潜在的能力，引导学生去探索未知的世界，让学生学会发现问题、提出问题、分析问题和解决问题。

要重视发展学生的思维。什么叫教育？什么叫学习？可以说教育的本质就是发展学生的思维。思维的变化、观念的变化，这是学生成长的一个很重要的过程。

思维的变革可以引起科技的变革、生产的变革，从而引起社会的变革。举最简单的一个例子。第一代电子计算机是1946年发明的。那时计算机体积非常大，但是计算能力只有每秒10万次。电子计算机发展到今天已经是每秒几千亿次，这就是不断创新的结果。后来个人电脑的发明，更是思维的创新，完全改变了整个世界。过去谁能想到今天手拿一部手机就可以走遍天下，所以我们说乔布斯改变了世界，互联网的发明引发了经济全球化，也引发了社会的变革。马云的电商思维，也就是互联网思维，改变了商界的局面。

当今时代是变革的时代，只有思维的变革才能适应时代的变革。所以2012年经济合作与发展组织（OECD）发布了一个很重要的报告——《为21世纪培育教师　提升学校领导力：来自世界的经验》。该报告提出21世纪我们要培养学生四个方面的核心技能。第一个是思维方式，要培养学生批判性思维、创造性思维等，其他的还有工作方式、工作工具、生活技能等方面。

怎么培养学生的思维？最根本的方式是要实现从教到学的转变。孔子早就说过"学而不思则罔"，也就是说学了以后不思考、不思维的话，学习也是迷迷茫茫，不能获得真正的知识，学习不会进步，思维也不可能得到发展。

同时要考虑到学生的差异。学生的天赋是有差异的，他们生活的环境、家庭都是有差异的。那么我们在教学过程当中要注意到这些差异。我们的课堂教学往往是按照中等水平来设计的。为了适应学生的差异，因材施教，我们的教学就应该根据学生不同的情况，提供不同的方案。互联网为个性化教学提供了有利的条件。但是个性化学习并不是个人的个别学习。学习不是学生孤立地进行的，实际上是在与老师、同伴共同讨论探索中进行的。2015年联合国教科文组织发表了一个报告，叫《反思教育：向"全球共同利益"的理念转变？》。这个报告里讲到教育是人类共同的事业，学习是与老师、同伴共同进行的，学习不是一个人孤立地学习。所以我们提倡个性化学习，不等于个人孤立地学习。个性化学习是适合每个人个性特点的学习，但是在实践中还要共同学习，和同伴共同学习，和老师共同学习。

教学改革不是一种模式。因为每位教师的教学风格是不同的，教学方法是不同的，因此在教学改革中要提倡多样化，百花齐放，丰富我们的教学经验。

（原载《现代教育报》，2016年12月20日，略有改动）

艺术与教育

艺术教育是美育的重要途径，是培养学生艺术素养、促进学生全面发展的重要内容。艺术是人们认识世界的重要手段。学生可以通过科学去认识世界，也可以通过艺术去认识世界。艺术可以通过典型的环境、典型的人物更形象、更深刻地反映世界。艺术又是培养高尚情操的手段，学生通过艺术可以得到情感上、思想上、心灵上的熏陶。

艺术的本质就是崇尚美、表现美。通过艺术教育，学生可以获得审视美、欣赏美、发现美、表达美、创造美的能力，从而构筑美的人生。

2015 年 9 月 15 日，国务院办公厅发布的《关于全面加强和改进学校美育工作的意见》（以下简称《意见》）提出，"学校美育课程建设要以艺术课程为主体"，开设包括音乐、美术、舞蹈、戏剧、戏曲、影视等课程。学校如何贯彻《意见》的精神和要求？如何整合艺术教育的课程？如何发挥艺术教育的育人功能？这是今天亟须研讨的问题。

党的十八大提出，立德树人是教育的根本任务，是培养什么人、怎样培养人的根本问题。要培养德智体美劳全面发展的社会主义建设者和接班人，就必须把思想道德教育放在首位，使我们培养的人才既有较高的思想道德素养，又有建设社会主义的真实本领。加强理想信念教育是思想道德教育的最重要内容。习近平总书记多次强调，要坚定理想信念。他在 2013 年同各界优秀青年代表座谈时指出："理想指引人生方向，信念决定事业成败。"树立理想信念要从认识人类文明发展的历史开始，了解人类是怎么走过来的，我们今天该怎么走，将来走向哪里。了解历史，才能正视现实，才能憧憬未来。回想我们年轻的时候，就是读了马克思主义的社会发展史才信仰共产主义，走向革命道路的。

人类文明的发展源远流长，从野蛮时代到文明社会，又经过奴隶社会、封建社会、资本主义社会到社会主义社会，每个时代都有明显的特征和发展的必然趋势。怎么讲解这样漫长的历史？可以从社会发展的形态上来讲，可以从生产力发展水平上来讲，也可以从考古学角度来讲。清华大学马克思主义学院帅松林老师为高校师生和部队官兵开设的"审美的历程"专题讲座，以艺术为视角，以大量珍贵的艺术作品为基础，从艺术作品中挖掘时代精神，从美的形态中探索人类文明发展的历史进程，这正是一种教育创新。他运用马克思主义的观点和方法，分析不同艺术作品代表的时代特征，具有形象性、艺术性、审美性、说理性，给人以强大的视觉冲击和思想震撼。例如他讲到古罗马帝国的一些石刻雕像，都表现出强大壮美的形象，体现了奴隶社会的"强力"的特征；恬静端坐的佛像、淡雅水墨的线描，代表着封建时代主张"德行"的特征。总之，每个时代都有不同的艺术作品，正如恩格斯所说，对历史斗争的进程发生影响，并且在许多情况下，主要是决定这一斗争的形式的，还是上层建筑的各个因素。而艺术正是上层建筑的一种形态，是影响历史斗争的一种社会因素。我们可以透过这种社会因素来了解人类历史斗争的过程。

帅松林老师的这个专题讲座，不是就艺术论艺术，而是运用马克思主义的理论来分析历代的艺术，通过艺术形式的变化来讲述人类文明的发展史；更不是枯燥地讲解马克思主义理论，而是通过作为上层建筑的艺术的演变来理解马克思主义的社会理论。这是学习马克思主义理论的一种崭新的形式，把马克思主义唯物史观融入真善美的艺术教育之中。它适应当代青少年精神世界现状，将人类文明发展的客观规律润物无声地融入青少年的心田，从而帮助青少年学习马克思主义理论，树立坚定走中国特色社会主义的理想信念，担负起实现中华民族伟大复兴"中国梦"的历史使命。

"审美的历程"专题讲座内容制成视频以后，在高校和部队受到广大观众的欢迎。在中央领导的支持下，中央电视台专门重新精心制作，在"百家讲坛"节目中播出，成为广受欢迎的教育精品。现在将讲稿付梓成册，可以更为广泛传阅。编者要我写几句话，是为序。

（选自 2014 年 9 月 26 日为《审美的历程》写的序，略有改动）

让校园洋溢美的气息

美育是我国全面发展教育方针的组成部分。习近平总书记在全国教育大会上讲到，"要全面加强和改进学校美育，坚持以美育人、以文化人，提高学生审美和人文素养"。培养德智体美劳全面发展的社会主义建设者和接班人，不能没有美育。美育是培养学生审美观念和审美能力的教育，它能够让学生在自然界、社会中、艺术作品中发现美、欣赏美，同时能够在生活中表现美、创造美。

艺术教育是美育的重要形式。习近平总书记在给中央美术学院8位老教授的信中写道："美术教育是美育的重要组成部分，对塑造美好心灵具有重要作用。"美育是塑造人的美好心灵的教育，美育不只是艺术教育，在学校里，所有活动都是在塑造学生的美好心灵。但艺术教育的确是最好的途径。

中国历来重视美育。孔子提倡的"礼乐射御书数"六艺，把礼乐放在头两位，以乐辅礼，把艺术与道德联系在一起。蔡元培在民国初期的教育方针中提出，"以美育代宗教"。鲁迅也十分重视美育，他指出，美术有三方面目的和效果："表见文化""辅翼道德"和"救援经济"。这些都说明美育与人文、德育是紧密相连的，充分说明了美育的育人价值。

但是，近些年来，由于受到"应试教育"的干扰，美育在学校中缺失，造成了人的片面发展。社会上出现的很多不文明行为，追溯起来都与学校美育缺失有关。再加上当前社会现代化带来了价值观念的冲突，特别是文化多元，各种思想交相融合和冲突，一些腐朽的丑恶文化也随之而来。学生的成长环境发生了深刻变化，他们正面临着这种复杂环境的挑战。因此，加强学校美育，培养学生正确的审美观念，实是刻不容缓。

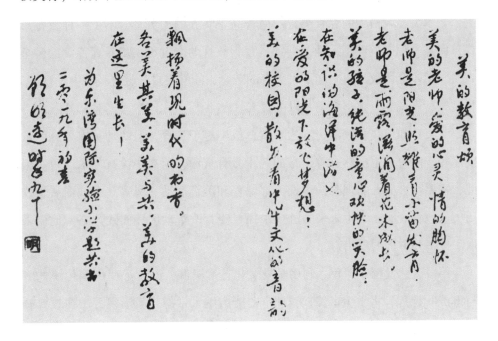

南菁高中地处长江之滨的江阴市。江阴是一座古城，素以忠义之邦、人文之乡闻名于世。古代是季札的故乡、春申君的封地、吴文化发祥地，历代人才辈出，有着深厚的文化底蕴。南菁高中的前身是"南菁书院"。书院自建立起即以"忠恕勤俭"为校训，弘扬优秀传统文化，培养经世致用人才。从书院、高等学堂到现代南菁高中，锤炼凝聚了南菁精神——人文与创新。这是南菁高中成长的历史文化沃土，也是南菁高中文化传承的基因。

南菁高中继承了优秀文化传统，把握了时代脉搏，以美育为特色，树立了大美育的办学理念。他们不再以高考为圆心画圈，而是把立德树人作为根本任务，全面实施素质教育，培育学生的核心素养，让高中生能够享受幸福美好的校园生活，逐步养成高雅的人格。2011 年，学校开始探索面向全体学生、贯穿教育全程、涉及全部学科、融入日常生活的"大美育"课程体系建设。通过实施大美育，今天的南菁高中既保有百年书院的学府气质，更彰显出与时俱进的时代风采。

所谓大美育就是以美育为核心的全面发展教育。大美育是自然美、社会美、艺术美、人格美的综合美育。南菁高中实施的大美育，不是一种教育形式，而是一种办学理念，是把美育贯穿到教育的全过程，培养真善美的健全人格。学校全体教师树立起了大美育的观念，能够在自己教育教学中发现美、赞赏美、表现美，教书育美，以美育人。

大美育如何在学校落实？艺术教育虽不等于美育，但却是实施美育的重要途径。南菁高中虽然有着丰富的艺术教育资源，但高中没有艺术课程。因此，需要从大美育的理念，建设美育课程和美育活动。南菁高中试图从学校历史、教育现实和学生未来的链接中探寻美育改革动因和实践方略。他们采取了以下几方面的举措。

第一，建设校本课程。利用学校文化艺术资源，开设了"中国传统艺术与审美"课程，将学生审美素养和审美能力纳入常态化教学视野。在教育教学改革的实践中，研究团队开发编写了美育校本教材《审美八讲》《涵养八讲》《创思八讲》，并陆续开发了覆盖各学科的美育教材。

第二，建设审美课堂，深入实施"大美育"课程。在美育课程体系整体建构的基础上，将美育实践的重心下沉至"课堂"，倡导以艺术的、审美的方式提升课堂教学的品质，深度变革教与学的方式。通过环境创设、文化培育、学科整合和渗透，营造审美的教学生态，激发学生内在的生命活力。课堂教学强化价值引领，从注重知识传承转向全面育人，培育学生核心素养。通过挖掘教学实践中的逻辑美和外在形式美，进行学校教学生活的审美化渗透，创设促进教与学转化的教学情境。

这里我讲一个我们年轻时（20 世纪 40 年代）在南菁中学学习的故事。

数学课本来是很枯燥的课程，但是我们在学习数学时却别有乐趣。我们同学之间都要比较谁的作业最整齐漂亮，特别是立体几何、解析几何都需要画图。立体几何的圆锥体画得有阴面有阳面，都是用工程制图笔画成，非常漂亮。记得当时班上作业做得最好最漂亮的是夏鹤龄同学。语文课李成溪老师给我们讲《文心雕龙》，讲文学的审美；地理课李庚序老师在黑板上画出精美的地图；音乐课胡森林老师组织我们建立歌咏队、课外合唱团。这些说明任何学科中都有美的因素，现在南菁高中继承了美育的传统。

第三，以美育重构校园生活，让美育渗透在学校教育各个环节、各个方面。传承学校精神文化，提炼徐霞客、刘天华三兄弟、黄炎培、陆定一、吴文藻等老一辈校友的人文特质，宣扬现代校友在事业发展中的创新精神，将"涵育南菁气质"作为育人目标，着力培育有思想会表达、有责任敢担当、有爱心能宽容的南菁学子。

2011 年，南菁高中被江苏省教育厅授予"江苏省首批美育课程基地"。经过这几年的探索和实践，南菁高中已经形成了以大美育为办学理念，以育人为宗旨的师生的共同愿景，并建立了一套大美育课程体系和育人模式，使南菁高中成为既具书院气质，又显时代精神的现代学校。

《美育课程论——南菁高中的美育实践》一书的作者马维林在攻读博士学位期间就致力于普通高中美育问题的研究，他结合南菁高中的美育实践，对普通高中美育进行了理论分析和经验提炼，对普通高中美育的价值、目标、课程建构逻辑、课程开发思路、教学改革等问题进行了深入探讨。这本书对如何破解普通高中的美育困境提出了可借鉴的方案，期待通过大家共同努力，"让美育能渗透到学校教育生活的方方面面，让学校处处洋溢着美的气息"。

是为序。

（选自 2019 年 4 月 25 日为《美育课程论——南菁高中的美育实践》写的序，略有改动）

加强劳动教育，促进全面发展

习近平总书记在全国教育大会上发表了重要讲话，提出"培养德智体美劳全面发展的社会主义建设者和接班人"，并对我国教育方针做了全面阐述。

习近平总书记在教育方针中强调劳动教育，丰富了教育方针的内涵，"要在学生中弘扬劳动精神，教育引导学生崇尚劳动、尊重劳动，懂得劳动最光荣、劳动最崇高、劳动最伟大、劳动最美丽的道理，长大后能够辛勤劳动、诚实劳动、创造性劳动"。这对学生的全面发展具有重大意义。

劳动教育对一个人的发展极其重要，是一个人得以发展的基础。

第一，劳动能使儿童的机体充满活力，改善机体的各种生理素质，包括呼吸、血液循环、新陈代谢等机能，促进儿童的身体发育。

第二，劳动，不论是体力劳动还是脑力劳动，都要付出努力、耗费精力，要做出劳动成果，需要有顽强的意志和毅力，因而可以培养儿童的自信心、责任心、情感和意志等思想品质。从小培养儿童的自信、自强就要从劳动教育开始。过去许多家训里讲，黎明即起，洒扫庭除，就是培养儿童自己动手的习惯，养成我能做、我会做的自信心与自强心。

第三，认识劳动是产生财富的源泉，从而培养起尊重劳动、热爱劳动、尊重劳动人民的品质。劳动没有贵贱之分，只要是劳动，就能为社会增加财富，就是为社会服务。要充分认识到这一点，从而养成劳动光荣、不劳为耻的思想品德。

第四，劳动是创造的基础。孩子在劳动中既要动手，又要动脑，是一种创造性活动。2015 年，我们参观了芬兰教育，发现他们非常重视儿童的劳动教育，认为劳动是培养儿童创造能力的基础。一个孩子在木工车间一学期要做成一件产品，如小板凳、小书架，他要自己设计、自己制作，在老师的帮助下克服困难。这就培养了他的创造意识和精神。我们访问了一所教育学院，那里设有教育技术实验室。我们以为都是先进的信息技术设备，看了才知道，原来都是木工、金工、缝纫、刺绣等手工车间。他们要求师范生都有这些劳动手艺，将来能够去教学生，在劳动教育中培养学生的创新思维和创造能力。

因此，劳动教育不仅能培养学生的生活技能，而且能促进人的体力发展和智力发展，培养学生的创新精神和实践能力，养成他们尊重劳动的思想品德。许多学校的老师怕学生参加劳动而影响知识的学习，影响升学率。其实劳动不仅能提高学生的智力，而且把教育和劳动结合起来，体脑结合，能够提高学习的效率。

当今时代是知识经济时代，是创新时代。创造新的知识、新的技术，不是凭空想出来的，而是在艰苦的劳动中创造出来的。这里说的劳动既包括脑力劳动，也包括体力劳动。所以，劳动创造财富，劳动创造新的思维，劳动也促进了人类进步。培养学生热爱劳动、尊重劳动、热爱劳动人民，树立劳动光荣而幸福的情感十分必要。

教育工作者要认真学习习近平总书记的讲话，深入领会讲话精神，并在学校中贯彻落实，加强劳动教育，帮助学生实现全面发展。

（原载《人民日报》，2018 年 10 月 18 日，略有改动）

学校劳动教育的任务和组织

2018 年 9 月召开的全国教育大会上，习近平总书记发表了重要讲话，提出社会主义教育要培养德智体美劳全面发展的社会主义建设者和接班人，并对我国教育方针做了全面阐述。习近平总书记在教育方针中重提劳动教育，丰富了教育方针的内涵，使教育方针育人的目标更加全面。他指出，"要在学生中弘扬劳动精神，教育引导学生崇尚劳动、尊重劳动，懂得劳动最光荣、劳动最崇高、劳动最伟大、劳动最美丽的道理，长大后能够辛勤劳动、诚实劳动、创造性劳动"。这对学生的全面发展具有重大意义。

学校劳动教育的任务

一是让学生认识到劳动的价值和劳动的光荣。让学生认识到，没有劳动，人类就无法生存，社会就不会进步和发展。每个人都应该劳动，不仅用脑来劳动，而且还要用手来劳动。劳动的果实不是轻易取得的，是劳动人民用辛勤的劳动换来的。劳动无比光荣。我们今天的幸福生活是建立在亿万劳动者劳动的基础上的，劳动本身也是幸福的。

二是培养学生的劳动态度和感情。要使学生认识到劳动之所以光荣，是因为劳动创造价值，能为人民服务，能为国家、为人类做出贡献。实现中华民族的伟大复兴，要靠我们全民族的劳动和奋斗。劳动只有分工的不同，没有高低贵贱之分。任何平凡的劳动都能为人民谋幸福。要使学生形成尊重劳动、尊重劳动人民的思想。

三是通过劳动使学生逐渐养成劳动的习惯，培养学生对工作的责任感。劳动要用心用力，才会有收获。当学生看到自己劳动的成果时，会感到精神上的满足，会推动学生进一步喜爱劳动，进而逐渐养成自觉劳动的习惯。

四是使学生掌握一些基本的劳动知识和技能。如了解现代化生产的基本知识，使学生学会使用最基本的工具，如刀、锤、锥、钳等。现在科技发达，但生产生活还是离不开基本的工具。因此，让学生学会用最基本的劳动工具，不论是对他将来的职业，还是家庭生活都有好处。

劳动教育的内容和组织形式

劳动可以分为自我服务劳动、手工劳动、社会公益劳动、生产劳动等。

自我服务劳动是指照料自己的生活，保持环境整洁的劳动。自我服务劳动是从家庭的日常生活开始的。过去许多家训里讲，黎明即起，洒扫庭院，就是培养儿童自己动手的习惯。自我服务劳动使儿童感到自己是家庭的一名成员，有责任关心家里的一切事情，自己的生活不能完全依靠大人，自己能做的事情要自己做，从小锻炼独立生活的能力。在学校里的自我服务劳动包括值日、保持教室和校园的整洁、布置教室、绿化校园等。自我服务劳动不只是为自己服务，也包括为自己所处的集体服务，为同伴们服务，从而培养起关心集体、关心他人的思想品德。

过去中小学都设有手工劳动课，如纸工、泥工、木工、金工、科技制作等，有的学校还设有烹饪课。这样的课程内容由浅入深、由易到难，能培养学生对劳动的兴趣，使他们掌握一定的劳动知识和初步的劳动技能。小学生可从折叠、剪纸开始，到利用厚纸板制作模型；中学生可以开展科学技术创作，学会使用基本的劳动工具。学生在手工劳动课上制作一些小玩具小物件，需要用学过的数学、物理等知识，有利于其理论联系实际，发展创造思维。

生产劳动可以根据不同的地区和学校的条件安排学生参加。如学校开辟小块土地，开展蔬菜、花卉的种植，每年植树节参加植树劳动等。这些措施使学生体会到生产劳动所产生的价值，培养学生对劳动的兴趣和习惯。有的学校设有木工车间、金工车间等，培养学生使用最基本的劳动工具。过去，很多学校设有机械车间，有镟床、刨床、钻床，农忙时还让学生下乡支农，这些劳动都很有意义。

社会公益劳动是直接服务于社会公益事业的义务劳动。现在学生参加的志愿者服务就是一种公益劳动。这种不计报酬帮助他人的劳动，可以培养学生的爱心和对社会的责任感。

组织劳动教育的要求

第一，要注意在劳动中进行教育。只有劳动没有教育，不可能自发地形成劳动观点和养成劳动习惯。只劳动而不教育，甚至可能适得其反。当然，更不能把劳动作为惩罚的手段。只有把劳动和教育结合起来，才能使劳动成为强有力的教育手段，达到劳动教育的目的。因此，在劳动之前，要让学生明确劳动的目的、意义和任务，并让学生看到劳动的成果，激发他们对劳动的兴趣和热情。

第二，劳动的内容和分量要适合学生的年龄特点和个性特点，对男女生要照顾性别的差异和不同的要求，遵循力所能及、循序渐进的原则。在劳动中不要搞竞赛，要提倡同学之间合作互助。

第三，在劳动中要特别注意安全，预防发生劳动事故。劳动之前，教师要对劳动的内容、地点、条件了解清楚，劳动过程中认真组织，给学生讲清楚劳动工具的使用和保管方法。禁止学生在劳动时打闹，不组织接触有害物质的劳动。

总之，对学生进行劳动教育的目的在于教育，一切都要从教育出发，和德育、智育、体育、美育一起，促进学生的全面发展。

（原载《中国教育报》，2019 年 5 月 4 日，本文为节录，略有改动）

小学语文是一门学问

我从事教育工作是从做小学老师开始的，那时既教语文也教算术。但我没有受过语文教育的专业训练，仅仅是依照小时候老师教我们的方法来教学生。学习师范教育以后才逐渐懂得应该怎样科学地教学。

1979年我担任北京师范大学教育系主任，教育系专门设有小学教材教法教研室，时任教研室主任高惠莹是小学语文专家，向我建议在中国教育学会下面建立小学语文教育研究会，我当然热烈支持。当年夏天在大连召开成立大会，他们竟然把缺席的我选为小学语文教育研究会常务副会长，会长是郭林。于是我就与小学语文结上了缘，也有了更多机会和小学语文界的前辈如张志公、袁微子等讨论小学语文教育的问题。1986年国家教委成立了教材审定委员会，我就一直参加小学语文教材审查小组的工作。每年我都和斯霞、霍懋征、袁镕等语文特级教师在一起审查教材，向她们学习了许多知识，才算对小学语文有了稍许了解。我觉得当一名语文老师，实在是一件很不容易的事。语文老师不仅要把课本中的知识传授给学生，而且要通过语文教育把中华民族的优秀文化让学生理解和接受，还要发展学生的思维和培养他们用语文交流的能力。我认为，语文既是一门学科，又是一门艺术。我曾经听过霍懋征老师几堂语文课，她的课讲得生动活泼，把语文知识和文化内涵巧妙地融在一起，把课本中的文章和有关古典诗词结合起来，丰富了课堂教学，启发了学生思维。我想，要做到这一点，语文老师不仅要有做教师的气质，还要有较高的文化修养。

对小学语文来说，我一直以小学生自居，是个门外汉。而且已经许多年没有上过小学的讲台了，因此，遇到有人要我撰写小学语文的文章，我就觉得很怵。我曾经为《语文教育》写过一篇小文章，开头就写了以下几句：

语文是工具，有了它，才能思维，才能表达，才能交流；

语文是基础，有了它，才能学习，才能生活，才能工作；

语文是文化，有了它，才有精神，才有智慧，才有品格。

这就算是我学习语文教育的心得吧。今天《小学语文》又让我写卷首语，我就把我的经历和学习心得的三句话抄在这里，供大家讨论。

（原载《小学语文》，2019 年第 3 期，略有改动）

语文课本中不能没有鲁迅

　　我不是鲁迅研究者，也不是语文老师。因此要我来谈鲁迅语文教学，实在是说不到点子上。但我做过的事儿与鲁迅也有点关系。1981年我与学军中学的俞芳校长和杭州大学（现已并入浙江大学）的金锵教授共同编写了《鲁迅教育思想与实践》一书。俞芳校长和金锵教授访问了十多名当时还健在的鲁迅的学生，现在他们都已过世了。这份材料很有史料价值。近年来我相继编了《鲁迅作品里的教育》和《鲁迅教育文存》。但我只是在鲁迅著作中寻觅鲁迅的教育思想，对鲁迅没有做全面深入的研究。对于在中小学如何讲授鲁迅的作品，更是外行。所以我只能谈一点感想。

　　先从语文的功能说起。这一点历来有争议，语文教学是强调它的工具性还是强调它的文化性？现在这个争论好像基本上平息了，特别是新课标出来以后，强调语文教学不仅要传授知识、培养能力，而且要培养学生的情感、态度和价值观，但在实际教学中这个问题还会表现出来。

　　语言是人们交流的工具，语文当然要教会学生能听能说能写，能与人交流。但交流总要有内容。内容也就反映了一定的文化。因此语文就有了传承文化的功能。20世纪50年代初我们曾经一度学习苏联，把语言和文学分开了。后来感觉到不对，不符合我国语文教学的传统，又合起来了。俄语很特别，它有性别的差异，还有6个格，主格、受格、所有格等，很麻烦，要特别进行语法教学。但是他们非常重视文学课，认为文学传承文化，学习文学是传承俄罗斯文化的重要途径。讲一个小故事，20 世纪 50 年代我在苏联留学，有一次到书店买书。旁边一个老太太手里拿着一本书，问我书的封面上的画是谁画的，内容是什么。我答不出来，她训了我一顿，说："我们的中学生都知道，亏你还是大学生呢！"

我国语文教学是将语言与文学合在一起，从范文中学语言文法。新中国成立以前，我们学语文从来不教语法。什么主语宾语，都是学英语时才讲到。我国语文课历来重视范文。通过范文，不仅学到了语文知识，而且学到了中国文学艺术的历史脉络，知道古有诗经，有四书五经，有唐诗、宋词、元曲、明清小说等。

我讲这些是想说，中小学语文课本中为什么一定要有鲁迅的作品。因为鲁迅代表了一个时代，代表了一个时代的文化。就像唐诗中缺了李白、杜甫，就缺了那个时代的文学一样。中学语文教材中也不能没有鲁迅。鲁迅生活的时代是中国处于半封建半殖民地的时代，是在全面抗日战争的前夕。鲁迅唤醒民众的呼声，是民族的心声。所以他死后，民众在他的灵柩上盖上民族魂的旗帜。

对在中小学课本中选入鲁迅的文章，人们历来有争论，包括选择多少篇，选哪些篇等，一度还出现难教难学的问题。学生说："一怕做作文、二怕文言文、三怕周树人。"这里牵涉如何选文、如何教学的问题。

我对鲁迅语文教学有几点粗浅的意见，供大家讨论。

第一，语文课本中不能没有鲁迅。因为鲁迅代表了一个时代的文化精神。相对于中国传统文化经典，鲁迅作品已经成为中国现代的文化经典，是对学生进行民族精神和爱国主义教育、传统文化教育的重要内容之一。现在我们强调要弘扬中华优秀传统文化，内容就包括近现代优秀革命传统。鲁迅代表了一个时代，正如郁达夫在《怀鲁迅》中说的，"没有伟大人物出现的民族，是世界上最可怜的生物之群；有了伟大的人物，而不知拥护，爱戴，崇仰的国家，是没有希望的奴隶之邦"。至于选多少篇目，那是次要的问题，当然也应有一定数量。

第二，正因为鲁迅代表了一个时代，因此在鲁迅语文教学中除了学习鲁迅作品的优美文字以外，更重要的是要让学生认识鲁迅。因此，要让学生结合当时的时代来理解鲁迅的作品。有人说，鲁迅的时代离我们远了，现代的孩子不能理解了。这不对。孔子离现代更远，李白、杜甫离我们也很远，我们语文中总要有他们的作品。因为他们是中华优秀传统文化中的代表人物，他们的作品是经典。我们学外国文化，总也离不开莎士比亚、伏尔泰、歌德、托尔斯泰等。因为他们代表了一个时代一个民族的文化。

第三，要结合学生的实际，由浅入深地教。过去总以为小学生读不懂鲁迅，实际上，鲁迅有不少作品是非常适合小学生阅读的。这些作品文质兼美，具有典范性，富有文化内涵、生活气息和时代气息。如初中教材选的《从百草园到三味书屋》《藤野先生》《故乡》《中国人失掉自信力了吗》《孔乙己》《社戏》《阿长与〈山海经〉》《雪》，高中教材选的《记念刘和珍君》《祝福》《拿来主义》《未有天才之前》《药》《春末闲谈》等文章，文字优美，题材、体裁、风格丰富多样，很适合学生学习语文。

第四，除了教好课本中的课文外，应该引导学生课外多读一些鲁迅的作品，特别是中学高年级。课本里选的作品总是有限的。真正要了解鲁迅，还应该多读他的作品。我们上中学的时代是旧社会，初中语文是读《孟子》，高中读《古文观止》，但我们在课外读了鲁迅、巴金、冰心的许多作品。阅读许多进步的文学作品和哲学社会科学作品，使我们走上了革命的道路。

这次语文新教材一个特点就是倡导学生课外阅读。在教育部新闻发布会上，统编本语文教材主编温儒敏说："有意解决不读书少读书的问题。现在语文教学问题就是读书太少，很多学生只读教材、教辅，很少读课外书，语文素养无从谈起。"他又说："整个教材课文数量是有所减少的，但是衍生阅读的量大增，就是让语文课往课外阅读延伸，往学生的语文生活延伸。"① 所以老师要指导学生多进行课外阅读，包括学习鲁迅的作品。

第五，在教学中要启发学生思考。鲁迅的文章内容是很深隽的，需要思考体会。有些内容不是一两个解释就可以准确把握的，会有多种解读。老师不要先下结论，而是要引导学生多思考，形成多种理解和体会，让学生各抒己见，这样学生才能更深入理解鲁迅的作品内涵。

（选自 2017 年 9 月 7 日在杭州学军中学召开的"第十六届鲁迅中学校际交流会"上的发言）

---

① 温儒敏. 语文教材主治不读书少读书［N］. 光明日报，2017-08-29（11）.

站在时代高度来认识鲁迅精神

今天是五四青年节。五四青年节是为纪念五四运动而设立的，是激励青年发扬五四精神的节日。五四运动是中国人民反帝反封建的一次革命运动。毛泽东主席在 1939 年纪念五四运动 20 周年时发表的文章中说："二十年前的五四运动，表现中国反帝反封建的资产阶级民主革命已经发展到了一个新阶段。五四运动成为文化革新运动，不过是中国反帝反封建的资产阶级民主革命的一种表现形式。"又说："在中国的民主革命运动中，知识分子是首先觉悟的成分。"①

2018 年是鲁迅第一篇小说《狂人日记》发表 100 周年。鲁迅正是毛泽东所说的首先觉悟的知识分子。在今天这个日子里来纪念《狂人日记》发表 100 周年，具有深刻的意义。《狂人日记》正是在五四运动前发表的一篇反封建的檄文，喊出了"打倒孔家店，救救孩子"的呼声，矛盾直指残害儿童的封建道德思想，在当时中国民主革命运动中起到振聋发聩的作用。今天来读这篇小说，应该站在时代的高度，运用历史唯物主义的观点来理解。打倒孔家店，批判孔孟之道，并非抛弃以孔孟为代表的儒家文化，更不是否定中华民族的优秀传统文化。孔子、孟子是我国优秀文化的代表，是文化圣人。而孔孟之道却是孔孟身后统治阶级曲解孔孟的学说而制造出来的统治、愚弄人

① 毛泽东选集：第二卷［M］．北京：人民出版社，1991：558-559.

民的封建思想体系。正如鲁迅在《在现代中国的孔夫子》一文中所说的，"孔夫子之在中国，是权势者们捧起来的"。

鲁迅对于中国传统文化是非常重视的，而且精心研究。在五四运动前的一段时间里，他研究中国的碑帖，收集汉像摹本，撰写中国小说史略等，为传承中华传统文化做了许多工作。但他特别痛恨封建思想，渴望民主，《狂人日记》就是民主革命运动的先声。它是要唤起民众，向封建思想做斗争。辛亥革命推翻了清王朝的封建统治，但思想并没有转变过来。为什么鲁迅说辛亥革命失败了，只剪去人们头上一根辫子。他是说辛亥革命只把清朝皇帝拉下了马，而中国半封建半殖民地的性质没有改变，封建思想没有被肃清。所以鲁迅要发出"救救孩子"的呼声。

认识鲁迅需要与鲁迅生活的时代结合起来。鲁迅代表了一个时代，代表了一个时代的文化，鲁迅精神代表了一个时代的精神。鲁迅生活的时代是中国处于半封建半殖民地的时代。鲁迅唤醒民众的呼声，是民族的心声。所以他死后，民众在他的灵柩上盖上民族魂的旗帜。

习近平总书记多次强调要加强中华优秀传统文化的教育。我们要把我国历史文化和国情教育摆在青少年教育的突出位置，让青少年更多领略中华文明的博大精深，更多感悟近代以来中华民族救亡图存、发奋图强的光辉历程，更多认识新中国走过的不平凡道路和取得的巨大成就，引导青少年学生增强民族文化自信，坚持社会主义的道路自信。

中华优秀传统文化包括了古代的传统美德、近代革命传统和新中国成立以来社会主义建设的优秀传统。一个时代会出现一种优秀传统，一个时代也会出现一个时代的伟人。正如郁达夫在《怀鲁迅》中说："没有伟大人物出现的民族，是世界上最可怜的生物之群；有了伟大的人物，而不知拥护，爱戴，崇仰的国家，是没有希望的奴隶之邦。"今天我们来学习鲁迅，正是学习他的时代精神、革命精神。

青少年是民族的未来，实现"两个一百年"的奋斗目标和中华民族伟大复兴的中国梦，主要靠今天的青少年一代。我希望青少年朋友们，在习近平新时代中国特色社会主义思想指导下，努力学习，继承中华民族的优秀传统文化，锤炼品格，掌握本领，为实现中华民族伟大复兴的中国梦做出贡献。

（选自 2018 年 5 月 4 日在第十届鲁迅青少年文学奖颁奖仪式上的发言）

"全民"奥数非幸事

在不久前落幕的2019年第11届罗马尼亚大师杯数学竞赛中,中国队无缘冠军,最好的成绩只获得第15名。国内就有人议论:"这是取消奥数班的结果。"

我认为这种结论是不正确的。一是虽然近几年来各地教育部门都明令取消奥数班,但实际执行情况却不理想。奥数班并未销声匿迹,只是换了一个名称而存在。而且,教育部门要求取消奥数班,也不是说取消奥数,只是反对"全民"学奥数。从小学开始就人人学奥数,不仅增加了学生的学业负担,而且会抑制学生其他特长的发展。二是我国的"全民"学奥数已经变了味。奥数本来是适合一些有数学天赋,并且对数学有兴趣的学生,培养他们的数学思维和能力。但我国的"全民"学奥数,主要是为了升学的竞争,培养学生做题的能力,违背了奥数本来的宗旨和规律,从而走向了反面。

可以说,我们在这次国际数学竞赛中的失利,正是反映了"全民"学奥数影响了正常的数学教育。由此可以得到结论,凡是把活动纳入应试教育的轨道,都不会真正提高学生的素质和能力。这次竞赛的失利值得我们深思。

(原载《中国教育报》,2019年3月12日,略有改动)

积极开展研学旅行，提高学生综合素质

党的十九大开辟了中国社会主义新时代，提出了当今社会主要矛盾是人民日益增长的美好生活需要和不平衡不充分的发展之间的矛盾。这个矛盾同样反映在我国教育上。我国教育发展到了一个新时期，即从发展数量到提高质量的新阶段。新时代教育面临着许多新的挑战和机遇。

第一，人民群众要求自己的孩子享受公平而有质量的教育。因此，教育要在供给侧上下功夫，提供更多的教育资源，提高教育质量，让每个孩子都能享受更好的教育，办好人民满意的教育。

第二，新的课程改革和高考招生制度的改革，目标都是要提高学生的综合素质和个性发展。未来教育要培养的人才，不仅要有书本知识，而且要有高尚品质、有远见卓识、有创新精神、有奉献精神。这种人才关在屋子里是培养不出来的，必须让他们走向大自然、走向社会，去亲身体验、增长才识。

第三，改革开放 40 年来，中国逐渐富起来，人们对旅行的热情越来越高。中国人每年出国旅游的人数达千万计。许多家长寒暑假都会带着孩子到国外去旅行。因此，目前已经具备提倡研学旅行的条件。

在这种背景下，中央 11 个部门发布了《关于推进中小学生研学旅行的意见》，提倡在中小学生中开展研学旅行。我认为此举非常有意义。这是让学生走出学校、走向大自然、走向社会、走向世界，是拓宽学生视野、增进学识、锤炼意志的好举措，也是让学生了解认识祖国的美丽山河、中华民族优秀传统文化的好方式。如果到国外研学旅行，还可以了解别国的文化风情，受到跨文化的理解教育。

世界各国都非常重视学生的校外研学旅行活动。苏联中小学每年暑期长达三个月，其中一个月组织中小学生到野外夏令营活动。夏令营一般设在郊外森林里，学生集体食宿，由师范学院的学生担任辅导员，组织学生参观工厂、农场、名胜古迹，特别是卫国战争的遗址，进行爱国主义教育。日本中小学设有特别活动课程，组织学生到校外旅行。我曾经访问过日本神户大学附属吉住小学。他们的特别活动课程包括每年组织校外旅行，尤其重视春秋两次远足。小学一、二年级在城市附近的郊外远足；三、四年级组织到外市县旅行，住两天，例如从神户到奈良，学生自己集合，没有父母送行，学生自己搭帐篷、做饭；五、六年级叫"修学旅行"，最远到北海道，要住三天，在那里参观访问。这种远足和旅行，学生可以学到许多书本上学不到的知识，特别是培养了学生自主动手的能力，养成同学之间互相谦让、互相帮助的协作精神。

我在苏联学习的期间曾经历过两次研学旅行。一次是1954年暑假，俄罗斯高教部组织留学生旅行，专门租了一条游轮，从莫斯科出发沿着伏尔加河一直到黑海边上的阿斯特拉罕，行程20天。我们夜晚宿在游轮上，白天游览。我们访问了许多城市，访问了列宁的故乡，参观了高尔基故居、车尔尼雪夫斯基故居、斯大林格勒保卫战遗址，并向烈士纪念碑献了花圈。我们一路上增长了许多知识，受到了革命传统教育。另一次是1955年暑假，我参加了苏联教育工会组织的徒步旅行团。我们一队十几个人，有中小学老师，有师范院校的学生。我们先坐火车到塞伐斯托波尔。那里有一个营地，先集中起来训练几天，包括学习徒步旅行所需要的一些知识，准备必要的工具和食品，组织了一些参观，进行了一次十多公里的演习。然后，我们正式出发，背上背包，带上一两天时间里必要的食品和饮用水，由一名向导带领，第一天翻过一座小山，到了第二个营地，休息了两天，参观了附近的峡谷，参加了当地农场的劳动，晚上与农民联欢。接下来的一天，我们翻过两个山头，并在山上住了下来。我们在山下农户那里取来帐篷、炊具，支起帐篷，做了晚餐。这样走走停停，五天走了二百多公里。我们走的都是没有路的山路，但向导知道哪里有泉水，哪里可以休息。我们一路上参观了人烟稀少的古代遗迹，团队有说有笑，非常开心。最后到达黑海边上的小镇阿洛波卡，又从那里步行到克里米亚的雅尔塔，在那里参观了雅尔塔会议遗址。最后，团队解散，结束旅行，每个人获得一枚小小的旅行者纪念章，然后各自乘火车回莫斯科。我们在这次旅行中不仅增长了许多知识，而且锻炼了身体，锤炼了意志。我们步行的距离不算太长，五天走二百多公里，但走的都是没有路的崎岖山路，非常难走，很消耗体力。我小时候身体很弱，这次徒步旅行对我是一次很大的考验和锻炼。现在我已过耄耋之年，行动还比较轻便，这可能与年轻时经历了艰难的徒步旅行有关。

要将研学旅行纳入学校课程之中，作为一项重要的教育活动来开展。学校和教育机构开展研学旅行要有组织、有计划地进行，要精心设计，充分准备，重在教育，重视安全。

学校要为不同年龄段的孩子设计不同的研学旅行计划，低年级的孩子可以在城市郊外旅行，也可以到博物馆、纪念馆参观；高年级的孩子可以组织到较远的地方旅行。如北京 101 中学，每年都要组织学生到南京大屠杀纪念碑前去悼念，进行爱国主义教育。学校可以按照不同地区、不同内容制订各种研学旅行计划，使之课程化。

研学旅行可以分为两种形式：一种是与研究性学习相结合，根据研究性学习的内容和要求设计研学旅行计划，通过旅行完成全部或局部研究性学习的课题；另一种是不预设研学课题，通过旅行自主学习、自我体会。不论什么方式，都需要精心设计、认真组织、确保安全，并能使学生受到教育。

第一，要明确旅行的目的，选择好旅行的地点和路线。最好老师事先去走一遍，一是看看旅行中有哪些教育因素，二是看看有什么地方需要特别注意，旅行中会遇到什么困难和风险，并准备好各种情况的预案。

第二，要组织动员，让学生了解这次旅行的各种要求，特别是要让学生了解和遵守安全的要求。旅行过程中，教师要时刻关注每一个学生，使每个学生都在老师的视线之内，特别是在有危险的地方，要特别提醒学生注意，不容许学生打闹，要求学生互相帮助。

第三，如果没有研究性课题，教师也可以布置一些作业。一般的旅行不一定要布置硬性的作业，要寓教于乐，让学生自己去体会。布置了硬性的作业，反而会降低学生的兴趣。

第四，旅行过程是教师了解学生、增进师生感情的最好机遇。教师在活动中要时刻关注学生，一方面关注每个学生的安全，另一方面观察学生，了解学生的脾气秉性，有利于今后的教育。

第五，学校如果要与旅行社、培训机构合作，就要以学校为主，签好协议，精心设计、认真组织。活动要征得家长的同意和配合，也可以有家长代表共同参与，但不宜让过多家长参加，以免在旅行中产生各种矛盾。

现在许多家长在寒暑假或长假带孩子出去旅行，家长也需要把旅行作为教育和锻炼孩子的好机会，注意教育和安全。学校要与家长多联系、多交流，帮助家长设计旅行计划。学生回校后教师要引导学生讲述他们旅行的体会，让全班同学分享各自的见闻。

总之，研学旅行的关键是教育与安全，而安全是第一位的，没有安全也谈不上教育。

（原载《教育家》，2018 年第 21 期，略有改动）

家庭教育是一门科学

　　有人认为夫妻二人只要有了孩子，自然就会做父母。其实，要当好父母并不容易，因为家庭教育中也大有学问。早在百年以前，有一位清朝遗老，就反对开设师范学堂。他认为教师如果还要受教育，那么做父亲的就该进父范学堂了。鲁迅先生曾经批评过这位老先生。鲁迅说："这位老先生，便以为父的资格，只要能生。能生这件事，自然便会，何需受教呢。却不知中国现在，正须父范学堂。"鲁迅先生的话说得多么好啊！"教育者必先受教育。"为人父母，必须要教育儿女。为了教育好孩子，当父母的实在应该认真学习和研究家庭教育问题。

　　要使孩子的身心健康地成长，当父母的必须掌握许多知识，并要运用科学的方法对孩子进行教育。父母如果不懂教育子女的常识，对孩子的教育不适当，就会妨碍儿童身心的健康发展，影响他们以后的成长。做父母的应该把家庭教育作为一门科学来研究。

　　为什么说家庭教育是一门科学呢？

　　家庭教育有自身的规律，有独特的研究对象和方法，而且涉及许多门科学，比如，它跟优生学、生理学、卫生学、营养学有关系，跟心理学、教育学、人才学、伦理学甚至美学等也都有关系。可以说，家庭教育是一门综合性的交叉科学。

　　现在，很多年轻的父母希望自己的孩子优生优育，开始重视胎教。但怎样保护胎儿呢？怎样使孩子在母体中受到良好的胎教呢？为了能生一个健康的孩子，年轻夫妇应当懂得一点遗传学和优生学方面的知识。

　　一个小宝宝生下来了，应当怎样喂奶？孩子在成长的各个阶段，应当吃什么东西？各种饮食怎么搭配？要吃多少才合适？孩子吃零食有什么害处？孩子偏食应当怎样纠正？孩子在各个时期应当保证多少睡眠时间？儿童经常容易得什么病？怎样护理生病的孩子？等等。这就涉及营养学和卫生保健学的许多知识，如果父母能懂得这方面的知识，再加上细心抚养，孩子就可能长得壮实，为以后的生长发育打下良好的基础。

　　孩子一天天长大了，父母总是希望自己的孩子成长为德智体美劳全面发展的人才。而任何人才的成长，都离不开先天的遗传、生长的环境和后天的教育。当父母的还应当懂得遗传、环境和教育这三者的辩证关系。

　　有的父母看到自己的孩子学习差，就说他天生愚笨；也有的父母看到自己的孩子聪明，就认为他是天才，这都是不科学的态度。遗传素质是指儿童的机体从祖先那儿继承下来的一些天然的特点。它只提供儿童身心发展的可能性，并不起决定的作用。对儿童的身心发展起决定作用的是环境和教育。

　　儿童生长的环境与整个社会密切相关。但是，家庭环境尤其重要。环境对孩子的影响是很大的，有积极的影响，也有消极的影响。现在，有的父母为了让孩子闷头学习，或者为了安全，竟然不让孩子和周围的伙伴们玩耍和参加活动。其实，这样做是有害的。国外有的科学实验证明：婴幼儿如果丧失和他相同年龄的伙伴，这给他们造成的心灵创伤，比丧失母亲更加难以弥合。还有的家庭夫妻打架，婆媳争吵，邻里不和，这样的环境对孩子身心发展也很不利。我们一定不能忽视家庭环境、学校环境和社会环境对孩子的影响。当父母的，要为孩子创造良好的家庭环境，要有意识地利用各种环境中积极方面的影响，预防和克服消极方面的影响。古人讲的"孟母三迁"，就是为孩子找一个良好的环境。

在遗传、环境和教育三个因素中，教育是起主导作用的。要提高家庭教育的质量，有条件的家长应该多学习一些生理学、心理学、教育学和人才学等方面的知识。

家庭教育必须符合儿童和青少年身心发展的规律和年龄特点。我们应当了解儿童和青少年的生理和心理发展是不平衡的，是分阶段的。儿童发育有两个高峰。第一个高峰在婴儿期。婴儿第一年身高增加 25 厘米左右，体重增加 7 千克左右，以后逐渐减慢。第二个高峰是青春发育期，孩子每年身高增长 7~8 厘米，体重增加 5~6 千克。男孩子和女孩子的青春发育期年龄是不同的。女孩一般是 12~14 岁，男孩则要晚 2 年。父母了解这些特点，不仅可以注意孩子的营养，而且可以在生理卫生和思想方面，对孩子加以指导。

儿童的心理发育也是分阶段的。到了一定的阶段，儿童就有各种心理上的要求。例如，两个月的婴儿就会向自己的母亲微笑，这表现为情感的心理现象。如果这种情感得到母亲及时的鼓励，这种社会交往的情感就会得到发展。如果这时母亲不理睬他，这种情感就得不到很好的发展。一般的孩子，小时候都喜欢玩。有的父母觉得孩子好动，容易惹麻烦，就把孩子管得严严的，把他训成一个"小大人"。毛主席在 1953 年给《新体育》杂志的题词就说："要活动，要游戏，是儿童们的天性。"我们要注意儿童的兴趣，并加以正确的指导。又比如，孩子到了一定年龄，就喜欢问问题，见到不理解的事物就爱问"是什么"和"为什么"。如果父母耐心地回答他的问题，并启发他思考，孩子的求知欲就会得到发展，将来学习就会有进取心。如果父母不耐烦，甚至斥责他，那就压抑了儿童求知的欲望，使他的智力发展受到影响。孩子长到十几岁以后，他们的生理和心理又不同。这时候，他们的自尊心和独立性增强了，但自控的能力还较差，容易产生逆反心理，对他们的教育方法也应该不同。因此，家长要懂得各个年龄阶段孩子的心理发展规律，根据不同的年龄特点教育孩子，才能收到理想的效果。

家庭教育作为一门科学，它与教育学的关系特别密切。家庭教育应该是教育学的一个重要分支。教育学中的基本规律、原则和方法，是家庭教育的重要理论基础，教育学是培养人的科学，它研究如何使儿童和青少年在德智体美劳几方面都得到发展，成为社会主义的建设人才。普通教育学研究的是学校教育培养人才的规律、原则、内容和方法。家庭教育这门科学则主要研究在家庭环境中培养人才的规律、原则、内容和方法。这两种教育有许多原则和方法是相同的。比如，有些父母望子成龙心切，每天除了学校布置的作业以外，又给孩子增加了许多家庭作业，上各种补习班。这就加重了孩子的负担，影响孩子生动活泼地成长，甚至会损害孩子的健康。又比如，有的家长爱孩子，对孩子的错误思想和行为姑息迁就；有的家长对孩子简单粗暴，动不动就打骂。这些都不符合教育学的要求。因此，父母要进行科学的家庭教育，也应该懂得一点教育学的基本原理。

我们说家庭教育是门科学，还因为它有自身特定的规律、原则、内容和方法。前面，我们粗略地谈了家庭教育与生理学、卫生学、心理学、教育学等几门科学的关系。这些也可以说是家庭教育的理论基础。但是，单是懂得了前面这些科学的知识，并不等于就会进行家庭教育。家庭教育作为一门科学，有它自己的规律。它要研究家庭教育的目的、任务、特点和方法，研究父母的责任、父母的修养以及家庭教育与学校教育和社会教育的区别以及它们之间关系等问题。现在，我们对家庭教育的有些规律已经有了一定的认识，但有许多规律还没有认识。有些父母教育子女很有经验，而有些经验还没有上升到理论上，因此没有被普遍地推广和运用。家庭教育作为一门科学，它的任务之一就是要总结家庭教育的经验，摸索家庭教育的规律，然后加以宣传、推广，使当父母的都懂得用科学的方法教育子女。

家庭教育的规律和特点有待进行深刻的研究。我在这里提出几点看法，和大家共同商讨。

第一，应该从小就注意儿童的全面发展，使儿童在德智体美劳几方面都得到发展，为国家培养合格的社会主义建设者和接班人，这是家庭教育的出发点。儿童的体力和智力发展是同时进行的，而且是相互促进的。父母既要重视儿童身体健康和智力的发展，也应该重视儿童的思想品德教育。现在家庭教育中有一种误区，家长希望孩子过早地学习知识，不重视良好习惯和人格心理的培养，认为知识学习越早越好、越多越好，结果是使孩子被动地学习，没有学习兴趣，甚至会厌学；由于缺乏与同伴的交往，人格也扭曲了，不善于和同伴沟通与合作。这样孩子长大了就缺乏生存和发展的能力。

第二，家庭教育最主要的任务是培养儿童良好的习惯。有了良好的习惯就能逐步形成观念、信念和品质。心理学上讲，习惯是"经过反复练习逐步养成的不需要意志努力和监督的自动化行为模式。……这种行为模式若受到破坏，会产生不愉快感"。习惯不容易改变，好的习惯不容易改变，坏的习惯也不容易改变。因此要从小培养儿童良好的习惯。例如，孩子从小养成了节俭的习惯，长大了他见到浪费现象，就会感到不愉快。

第三，潜移默化是家庭教育的最大特点。家庭教育和学校教育的最大区别是家庭教育是在日常生活中和不知不觉中进行的。儿童的天性是模仿。他们牙牙学语时就开始模仿父母的语言和动作。以后父母的一言一行，无不深刻地印入儿童的脑海里。父母的好思想、好品德、好习惯会潜移默化地传给子女，父母的坏思想、坏品德、坏习惯也会不知不觉地影响子女的思想和行为。

第四，言传身教、典型示范是家庭教育的主要手段。正因为潜移默化是家庭教育的最大特点，所以它的教育力量就在于父母的榜样作用。父母应该用自己的高尚言行去影响儿童，特别要注意言行一致。如果父母不能以身作则，言行不一，在孩子的心目中就不会有真正的威信，家庭教育就会失去力量。家庭教育也要让孩子参加家务劳动，孩子长大一些后，要引导孩子参与家庭的管理，如生活的安排、家庭的布置、家庭每月的收支等，让他们逐渐体悟到父母工作的艰辛，明白每个家庭成员对家庭的责任，学习"当家"的本领。为什么俗话说"穷人的孩子早当家"？就因为穷苦人家较早地让孩子参加家务活动，管理家务。现在许多家长为了让孩子专心学习书本知识，不让孩子做家务，其实不利于孩子的成长。

第五，家庭教育和学校教育密切配合，要求应当一致。家庭教育不只是指孩子入学以前在家里受的教育，而且包括儿童入学以后在家里受的教育，这里就有一个家庭教育和学校教育互相配合的问题。配合得好，要求一致，教育的力量就强大，就会取得良好的教育效果；配合得不好，要求不一致，教育的力量就会相互抵消，有时，甚至产生极坏的后果。因此，父母要注意经常主动和学校老师取得联系，交流情况，研究教育方法。

家庭教育是一门科学，它的内容是极其丰富的，同时，我们还可以说，家庭教育也是一门艺术。它虽然有许多经验可以借鉴，但是，任何一个家庭和孩子，都会有自己独特的地方，家长要善于运用自己的智慧和艺术来教育自己的孩子。我希望大家都来研究家庭教育，逐步建立完善的家庭教育学。

（本文作于 2014 年 7 月 13 日，《中国家教百年》2017 年版收录为序，略有改动）

让足球运动走进校园

　　足球是体育运动三大球之一。在世界体育竞技赛场上，群众对它的疯狂热情超出其他所有体育竞赛项目，有"世界第一运动"的美誉。为什么足球有如此大的魅力？因为足球比赛反映了球员的速度、强度、灵敏度以及身体姿态的美度，同时还反映了队员之间的配合协作。一场球赛就好像是一幅动态的艺术画，每一个动作都激动着观众的心弦。

　　习近平在 2017 年 6 月 14 日会见国际足联主席因凡蒂诺的时候说："足球运动的真谛不仅在于竞技，更在于增强人民体质，培养人们爱国主义、集体主义、顽强拼搏的精神。"在学校开展足球运动可以增强学生的体质，培养他们的意志。足球运动不同于其他的体育项目，它是一个集体运动的项目，需要队员之间配合协调，因此可以培养学生的集体主义精神和团队之间的合作精神。足球运动还是一种文化，可以从足球发展的历史、历届世界杯比赛的情况、球员的趣事，使学生认识足球的魅力，受到爱国主义和集体主义的教育。

　　在学校开设足球课程要从育人的角度出发，精心设计，使学生在足球课上不仅获得有关足球的知识，而且锻炼身体、增强体质、养成团队合作精神。足球课要注意安全。足球运动比较激烈，竞赛的时候，队员之间容易冲撞，要进行有序，防止伤害，不容许学生在足球场上打闹。

　　北京明远教育书院实验小学为足球课程编写了校本教材，介绍了足球运动发展的历史、世界足球运动史上的有趣故事、世界著名球队和足球明星等，精心设计了足球课的实施方案。教材内容十分丰富，故事精彩动人，是一本很好的足球体育教材。

（2019 年 5 月 18 日）

杂文篇

《资治通鉴》中的教育故事

　　《资治通鉴》可以说是一部治国理政的百科全书，记录了自周威烈王（公元前403年）至后周世宗（公元959年）1300多年帝王将相治国理政的故事。其中有许多经验教训值得借鉴。无怪乎当年毛泽东主席一再要求高级干部要读读《资治通鉴》。从育人做人的视角来读，也有许多有趣的故事值得我们思考。这里，我摘录几个故事。

才是人之资，德是人之帅

　　春秋末期，智氏家族的智襄子（晋国大夫智宣子之子，又名智瑶）当政，在宴请韩康子、魏桓子时，对他们很不尊重且戏弄他们。智国等人劝他不听。智襄子骄而轻敌，结果亡国（前457—前453年）。司马光为此有一段关于德才的评论。

　　　　才者，德之资也；德者，才之帅也。……是故才德全尽谓之"圣人"，才德兼亡谓之"愚人"；德胜才谓之"君子"，才胜德谓之"小人"。凡取人之术，苟不得圣人、君子而与之，与其得小人，不若得愚人。何则？君子挟才以为善，小人挟才以为恶。挟才以为

善者，善无不至矣；挟才以为恶者，恶亦无不至矣。……夫德者人
之所严，而才者人之所爱；爱者易亲，严者易疏，是以察者多蔽于
才而遗于德。自古昔以来，国之乱臣，家之败子，才有余而德不足，
以至于颠覆者多矣，岂特智伯哉！故为国为家者苟能审于才德之分
而知所先后，又何失人之足患哉！①

司马光对才德孰轻孰重、孰先孰后说得非常清楚。才是人的能力，德才
是人的统帅、灵魂。一个人有了德，他做善事，能够做到极致。一个人有才
而缺德，他做坏事，也能做到极点，祸害于人。用人之道，也要先看有没有
德，有德才兼备的人最好。否则宁可用愚笨的人，也不能用无德的小人。司
马光认为，人们对有德的人比较尊重，对有才的人比较容易亲近，所以自古
以来都有重才轻德的情况，结果亡国败家。所以要明白德才的先后。

今天我们讲，立德树人是教育的根本任务。要牢记古训，德育为先。就
如陶行知所说："千教万教教人求真，千学万学学做真人。"真人才能做真
事，才能做善事。学校教育要坚持德育为先，锤炼学生思想品德；能力为重，
学好本领，奉献祖国。

言必信　行必果

令既具未布，恐民之不信，乃立三丈之木于国都市南门，募民
有能徙置北门者予十金。民怪之，莫敢徙。复曰："能徙者予五十
金！"有一人徙之，辄予五十金。乃下令。②

---

① 司马光. 资治通鉴：第一册［M］. 北京：中华书局，1956：14—15.
② 司马光. 资治通鉴：第一册［M］. 北京：中华书局，1956：48.

秦国商鞅要变法，怕老百姓不相信，于是在国都的南门立了一根三丈高的柱子，布告谁能把它搬到北门，就赏金十两。老百姓观望着不相信。于是又布告谁能把它搬到北门，赏金五十两。有胆大的人把它搬动了，真的获得五十两的赏金。商鞅得到老百姓的信任后，变法才开始公布施行。司马光对此做了评论。

夫信者，人君之大宝也。国保于民，民保于信；非信无以使民，非民无以守国。是故古之王者不欺四海，霸者不欺四邻，善为国者不欺其民，善为家者不欺其亲。①

诚信是一个人的立身之本，也是一个民族、一个国家的生存之基。诚信待人是中华民族的美德。中国历代有许多关于诚信的故事，如"季子挂剑"就是最典型的例子。"言必信，行必果"是中国人处事待人的人生哲学。现代社会在改革大潮中更需要诚信。当前我国教育改革中许多举措，如高校自主招生等都难以施行，与社会缺乏诚信有关。社会生活中各种骗局丛生。因此，加强诚信教育是当前德育最迫切的内容。社会只有建立在相互信任的基础上，才能稳定、团结、和谐和发展。

重人才，轻珍宝

建设治理一个国家，是财物重要，还是人才重要？齐威王和魏惠王的对话说明了这个问题。

齐威王、魏惠王会田于郊。惠王曰："齐亦有宝乎？"威王曰：

---

① 司马光. 资治通鉴：第一册 [M]. 北京：中华书局，1956：48.

"无有。"惠王曰："寡人国虽小，尚有径寸之珠，照车前后各十二乘者十枚。岂以齐大国而无宝乎？"威王曰："寡人之所以为宝者与王异。吾臣有檀子者，使守南城，则楚人不敢为寇，泗上十二诸侯皆来朝；吾臣有盼子者，使守高唐，则赵人不敢东渔于河。吾吏有黔夫者，使守徐州，则燕人祭北门，赵人祭西门，徙而从者七千余家。吾臣有钟首者，使备盗贼，则道不拾遗。此四臣者，将照千里，岂特十二乘哉！"①

齐威王和魏惠王会见。魏惠王问齐威王，齐国有珍宝吗？齐威王说，没有。魏惠王奇怪地说，我们魏国虽小，还有直径一寸的珍珠十枚，可以照亮十二乘车辆。齐国是大国，难道就没有珍宝？齐威王说，我认为的珍宝与你不同，我有四位大臣，各守其职，可以照观千里，哪只是照亮十二乘啊！

古人都知道人才的重要，光有珍宝，没有人才，别说珍宝，国家都保不住。因此，历代贤明的君主都重视人才。培养人才要靠教育。正如《学记》所说："玉不琢，不成器；人不学，不知道。是故古之王者，建国君民，教学为先。"今天我们要实现"两个一百年"和中华民族的伟大复兴，就是要靠人才。特别是当今世界，科技发展日新月异，国际竞争日益激烈。国际竞争说到底是创新能力的竞争，是人才的竞争。因此，习近平总书记始终强调要把教育放在优先发展的战略地位，立德树人，培养人才。古人说："十年树木，百年树人。"这说明物质建设比较容易，精神建设要靠几代人的努力。我们要继承中华民族的优秀文化传统，一代一代传下去。

---

① 司马光.资治通鉴：第一册［M］.北京：中华书局，1956：50.

爱之深，谋之远

每个父母都爱自己的子女，如何才能做到真正的爱？《资治通鉴》中有一段故事，值得做父母的思考。

秦国讨伐赵国，赵国求救于齐国。齐国要求赵国让长安君去齐国做人质。太后舍不得，想让燕后代替，而且不许大臣有什么反对意见。老臣左师触龙去见太后，从家常起居聊起，然后说到自己年老体弱，在未死之前想把十五岁的儿子托付给王室做个卫士。后面有一段对话。

太后曰："丈夫亦爱少子乎？"对曰："甚于妇人。"太后笑曰："妇人异甚。"对曰："老臣窃以为媪之爱燕后贤于长安君。"太后曰："君过矣！不若长安君之甚。"左师公曰："父母爱其子则为之计深远。……位尊而无功，奉厚而无劳，而挟重器多也。今媪尊长安君之位，而封之以膏腴之地，多与之重器，而不及今令有功于国，一旦山陵崩，长安君何以自托于赵哉？"①

对话中太后惊奇地问触龙，难道男人也疼爱小儿子吗？触龙说，比妇人更爱。并且他对太后说，我觉得您对嫁到燕国做皇后的女儿的爱，超过对小儿子的爱。太后说，不，不如长安君。触龙因此就说，什么才叫爱呢？爱子就要为他做长远的考虑。今天您给予长安君如此尊贵的地位，让他养尊处优，拥有贵重的器物，又封给他肥沃的土地，都不及让他有功于国家，否则一旦您仙去，他凭什么在赵国立足呢？太后听了觉得很有道理，于是备好车辆送长安君到齐国。

---

① 司马光.资治通鉴：第一册［M］.北京：中华书局，1956：164.

这个故事对我们今天的家长不是也很有启发意义吗？特别是对于官家、富家的子弟，父母对他们真正的爱，是要为他们的长远发展做打算，让他们去锻炼，使他们勇于担当。我们常听说，英国伊顿公学（Eton College）、温切斯特公学（Winchester College）都是贵族子弟学校，但那里对学生的学习、生活都有严格的要求，而且要经过艰苦的训练。英国的王子都要当兵，锤炼品格。我们今天的家长似乎只关心孩子的知识学习，既不重视体魄的锻炼，更不重视品格的锤炼，将来怎么能担负建设现代化的重任？这些值得家长们深思。

助人为乐，不求回报

《资治通鉴》第一册第五卷中有这样一个故事。

> 平原君欲封鲁连，使者三返，终不肯受。又以千金为鲁连寿，鲁连笑曰："所贵于天下士，为人排患释难解纷乱而无取也。即有取，是商贾之事也！"[1]

赵国平原君为什么要赏鲁连，这里没有说明，历史学家一定有考证，恕我无知。但这段话却使我很感慨。鲁连一定对赵国有功，为平原君出了力。因此平原君要封他，但他三次辞而不受。平原君要赏千金为他做寿，他又不受。并且说，为国为人排难解困是一个知识分子最珍贵的品质，如果收受赏施，就变成了商贾买卖。这反映了历代中国知识分子应有的骨气，做了善事，不求回报。我看到今天社会上有许多见义勇为者，做完善事，无声无息地离开，真是令人佩服。但是现在社会上功利主义盛行，一些有知识、有专业技

---

[1]　司马光. 资治通鉴：第一册［M］. 北京：中华书局，1956：183.

能的人，无利不干。少数教师不是全身心地投入教书育人工作，而是进行有偿补课，把教育事业变成商业买卖。相比鲁连来，是不是有损知识分子的称号？

把什么留给子孙？

广、受归乡里，日令其家卖金共具，请族人、故旧、宾客，与相娱乐。或劝广以其金为子孙颇立产业者，广曰："吾岂老悖不念子孙哉！顾自有旧田庐，令子孙勤力其中，足以共衣食，与凡人齐。今复增益之以为赢余，但教子孙怠堕耳。贤而多财，则损其志；愚而多财，则益其过。且夫富者众之怨也，吾既无以教化子孙，不欲益其过而生怨。又此金者，圣主所以惠养老臣也，故乐与乡党、宗族共飨其赐，以尽吾余日，不亦可乎！"①

这个故事也非常有教育意义。我们把什么留给子孙？汉宣帝太傅疏广、少傅疏受叔侄为我们做出了榜样。他们两人是汉昭帝、宣帝的大臣，辞官回乡以后，与民同乐。人家劝疏广为子孙置些产业，可以让子孙享用。他却说，现有的旧屋薄田，只要子孙勤劳，足可以维持生活，与普通百姓相同。如果置了产业，反而会使子孙懒惰。因此他说："贤明的人财产多了，会削弱他的志气；愚蠢的人财产多了，会增多他的过失。我既然无德教化子孙，但也不能使他们增加过错，甚至于做坏事。我将皇上的恩赐和乡亲友朋共享以度余年，不是很快乐吗？"希望我们现在的人都有这种心态。

---

① 司马光.资治通鉴：第一册 [M].北京：中华书局，1956：833-834.

读《道德经》有感

老子是我国辩证哲学的鼻祖,他的《道德经》充满了辩证法。世人认为《道德经》提倡无为之学,实际上他是为了有为而提出无为。"道常无为而无不为",他认为,君不为,民才有所为。汉文帝与汉景帝尊黄老之学,实施清静无为、与民休息的政策,老百姓安居乐业,财富迅速积累起来,这才有了文景之治的盛世。汉武帝南征北战,把财富都耗尽。可见无为并非不为,而是君不为,老百姓就能多为。

《道德经》强调要尊重自然法则,顺势而行。"人法地,地法天,天法道,道法自然。"道就是规律,规律从自然而来,只有遵循自然法则,人才能有所为。违背了自然规律,必然会受到惩罚。工业发展造成环境污染,到今天才被大家所认识。教育也是这样,只有遵循教育规律,遵循儿童成长的规律,顺其天性,因材施教,才有成效。《道德经》说:"不言之教,无为之益,天下希及之。"教育不是教师更多地施教于学生,而是让学生自己学习,自己体会,这样受益才会更大。

《道德经》以朴素的辩证方法论审视世界,审视人生。其中多次强调"作而不辞,生而不有,为而不恃,功而不居"。一个人要踏踏实实做事,不求华丽的辞藻;做了一点事,不能居功自恃,应该谦虚谨慎,正确对待自己。正确对待自己是最不容易的事,所以说,"知人者智,自知者明"。许多人犯错误，往往因为缺乏自知之明，有了一点成绩就忘乎所以，遇到一点挫折就失去信心。《道德经》以辩证思维来审视人生的祸与福，所谓"祸兮福之所倚，福兮祸之所伏"。所以人要居安思危，顺利的时候要想到会遇到的各种挑战，遇到困难的时候要想到前途的光明。《道德经》告诉人们，有一点是可以避免犯错误而招致祸害的，就是我们要"知足常乐"。"罪莫大于可欲，祸莫大于不知足，咎莫大于欲得。故知足之足，常足矣。"祸往往出于贪婪，现在落马的高官也好，小官也好，不都是因为贪婪吗？

《道德经》最后一章讲："信言不美，美言不信；善者不辩，辩者不善；知者不博，博者不知。……天之道，利而不害；圣人之道，为而不争。"真实可信的话不华丽，华丽的辞藻不真实；善良的人不巧辩，巧辩的人不一定善良；真有知识的人不卖弄，认为自己什么都懂的人，其实不一定有知识。自然法则是让万物受益，而不伤害；高尚的人的准则是默默工作，而不去跟别人争夺。我想我们应把它当作座右铭：不听华丽的辞藻、美丽的奉承；不炫耀自己，努力学习；认真工作，谦虚谨慎，为人民做出自己力所能及的贡献。

《论语》中的"学"字

　　《论语》是孔子和学生的对话录，主要内容是孔子教育弟子怎样做一位君子。孔子认为君子与小人之别，并非是有没有知识，而是有没有高尚的品德、是否爱好学习，所谓"君子怀德，小人怀土"。知识和道德并非是同步的。道德是一种社会意识形态，涵盖全社会。知识在旧社会只有少数人能享受。有知识的人未必道德就高尚。孔子强调一个人要具备"礼"和"仁"。《论语》中孔子对君子的提法有几十种，但"礼"和"仁"是君子的最高标准，所谓"克己复礼为仁"。孔子非常重视学习，他认为要成为一名君子，就要学习。《论语》开篇第一句就是："学而时习之，不亦说乎?"据杨伯峻《论语译注》统计，《论语》全书有 64 个"学"字，可见孔子对学习的重视程度。

　　孔子对于"学"有精辟的见解，我觉得有下列几层意思。

　　一是强调学的重要性。孔子在两处讲到"君子博学于文，约之以礼"，强调君子要学习，要"敏而好学，不耻下问"（《公冶长篇》）。孔子问仲由，你听过六种品德便有六种流弊吗?仲由答没有。孔子就说："好仁不好学，其蔽也愚;好知不好学，其蔽也荡;好信不好学，其蔽也贼;好直不好学，其蔽也绞;好勇不好学，其蔽也乱;好刚不好学，其蔽也狂。"（《阳货篇》）就是说，一个人即使有好的品德，若不学习，也会有很多弊端，就会变得愚蠢、无所适从、被人利用、勇而无谋、胆大妄为等。孔子在这里强调了学习的重要性，君子要时时学习，"质胜文则野，文胜质则史。文质彬彬，然后君子"。君子对于学习，要"学如不及，尤恐失之"（《泰伯篇》）。而学习要有兴趣，要自己乐于学，所以说，"知之者不如好之者，好之者不如乐之者"（《雍也篇》）。

二是论述了学与思的关系，要把学与思结合起来。孔子说："学而不思则罔，思而不学则殆。"（《为政篇》）学习而不动脑筋思考，就会受蒙蔽；只是空想而不读书学习，就没有理想、没有信心。也就是说，学习不是机械地记住一些知识，而是要思考理解。这种学与思的关系，在今天的教学中仍然值得重视。教学不只是把已有的知识传授给学生，更重要的是要启发学生去思考，让学生理解所学的知识，并能进一步思考，培养他们的思维能力，做到孔子讲的"举一隅而三隅反"。

三是论述了学与习的关系。《论语》开篇："学而时习之，不亦说乎？""习"字可以有两种解释：温习、实习。这句话也可以有多种解释。杨伯峻先生翻译为：学了，然后按一定的时间去实习它，不也高兴吗？但还可以有另外两种解释：一种是，学了常常温习，不也很愉快吗？另一种是，适当的时候学习，不是很愉快吗？我想这几种解释都可以。总之，"学"要与"习"结合起来。学了要实习，要学以致用，践行学到的知识；学了要常常温习，所谓"温故而知新"。就如我们读《论语》，每一次读它都会有新的体会。我们今天的课程设计和教学也要遵循这种规律，许多知识是要反复学习的，做到温故而知新。

四是论述了学与行的关系。学了要践行，要化为行动。孔子常常教育弟子要敏于行慎于言，他说："君子欲讷于言而敏于行。"（《里仁篇》）就是说，一位道德高尚的人不是夸夸其谈，而是要有实际行动。所以孔子说："君子耻其言而过其行"（《宪问篇》），又说："博学而笃志，切问而近思，仁在其中矣。"(《子张篇》)他告诉我们学习要实实在在，不图虚名。一次鲁哀公问孔子，弟子中谁最好学？孔子说，是颜回，可惜不幸早死了。他哀叹，可惜现在没有好学的人了！他还批评，"古之学者为己，今之学者为人"（《宪问篇》）。也就是说，古人学习是为了自己修身，现在的人学习是装饰自己，给别人看的。他要求弟子实事求是，不要华而不实，"知之为知之，不知为不知，是知也"（《为政篇》）。知和行是哲学家经常讨论的问题，常常认为知难行易，其实行更难，因为许多人懂得道理，却不去实行。一个有道德的人更重视他的行动。

孔子在《论语》中关于学习的精辟见解，我想仍是今天我们需要学习和继承的。

《论语》中的"仁"字

　　"仁"是孔子培养君子的最高要求，是儒家道德的最高准则。据杨伯峻《论语译注》统计，《论语》全书有 104 个"仁"字。仁，《说文解字》中解释为"亲也，从人从二，……仁者兼爱，故从二如邻"。也就是说，两个人在一起，就有互相爱护的关系。

　　孔子在《论语》中，对仁的解释没有统一的说法，泛指高尚的品德。几个学生问他什么叫仁，孔子的回答都不一样，概括起来有以下几种含义。

　　一是仁者爱人，爱是仁的核心。"樊迟问仁，子曰：'爱人。'"（《颜渊篇》）仁，就是对人有爱心。孔子曰："弟子入则孝，出则悌，谨而信，泛爱众，而亲仁。"（《学而篇》）在家要孝敬父母，外出要敬爱兄长，谨慎说话，博爱大众，亲近有仁德的人。这里说的"孝"和"悌"，泛指对老人和长者，对他们要敬爱。所以子张曰："孝悌也者，其为仁之本欤！"（《学而篇》）爱心是人性善的最重要的表现，所谓"老吾老以及人之老，幼吾幼以及人之幼"，即通常讲的"仁者爱人"。

　　二是仁者重视礼。礼和仁都是孔子培养君子的最高德性。礼是外在的规矩、法则、礼节；仁是内在的品行。颜渊问仁，子曰："克己复礼为仁。"（《颜渊篇》）也就是说，克制自己的欲望，使自己的言行合乎礼，就是仁人了。孔子认为，战国时期，诸侯征战，已是"礼崩乐坏"，周代的礼制被破坏了，所以恢复礼制，就要克己，克制自己不正当的欲望。这应该是当时孔子对统治者的要求，希望他们按照周朝的等级制度治理国家，不要互相争霸。孔子周游列国宣传他的主张，但是没有哪个统治者听他的。现在我们来理解礼，应该是重视礼节，如敬老爱幼、先人后己等。

三是孔子把仁看作君子品德的核心，包含了其他所有高尚的品质。把仁、义、礼联系在一起，孔子曰："君子喻于义，小人喻于利。"（《里仁篇》）礼也包含着和，所谓"礼之用，和为贵"（《学而篇》），"君子和而不同，小人同而不和"（《子路篇》）。和是中国人的美德，中国人坚持和而不同，坚持求同存异，坚持世界和平。

四是仁和学相结合。孔子认为，仁者也要学习。樊迟问仁，子曰："仁者先难而后获，可谓仁矣。"（《雍也篇》）就是说，有仁德的人先要付出一定的努力，然后获得成果，就可以叫作仁了。君子的努力就在于学习。有一次子贡问仁，子曰："工欲善其事，必先利其器。居是邦也，事其大夫之贤者，友其士之仁者。"（《卫灵公篇》）这是说，要做好一件事，必须先有方法。住在一个国家，要敬重那里的贤人，结交那里有仁德的人。这里说的工具，是指一种方法。要做到这一点，就要学习。孔子在许多场合教育弟子要学习。他认为"好仁不好学，其蔽也愚"（《阳货篇》），即有仁德而不学习，也会变得愚蠢。因此，他强调"博学于文""学而不厌""博学而笃志"，等等。

孔子关于仁的讲述，我们还需要好好研究，领会它的精神实质，并与当今时代结合起来。

《论语》中的"君子"

　　《论语》是孔子和弟子的对话，通篇谈论如何做一名君子。全书"君子"二字出现 107 次。怎样才是君子，孔子没有给出一般的定义，而是有各种提法，总体上是指有道德的人。《论语》开篇就说："人不知，而不愠，不亦君子乎？"（《学而篇》）意思是人家不了解我，我却不怨恨，不就是君子了吗？又说："君子怀德，小人怀土。"（《里仁篇》）孔子对君子提出了许多要求。

　　第一，君子要孝敬长者，友爱兄弟。"君子务本，本立而道生。孝悌也者，其为仁之本欤？"（《学而篇》）对于孝，孔子更重视尊重、敬爱。所以他说："今之孝者，是谓能养。至于犬马，皆能有养；不敬，何以别乎？"（《为政篇》）子路问孔子，怎样才是君子？孔子曰："修己以敬。"（《宪问篇》）又说："乡人饮酒，杖者出，斯出矣。"（《乡党篇》）他的意思是，和乡亲一起饮酒，必须等长者先出去，自己再出去，这是敬老的礼节。

　　第二，君子要有仁德，任何时候都要坚持。他说："君子无终食之间违仁，造次必于是，颠沛必于是。"（《里仁篇》）就是说，君子一顿饭的时间都不离开仁德，颠沛流离的时候也不离开仁德。

　　第三，君子要讲义，一言一行都要思考是否符合君子的道德品质。孔子曰："君子喻于义，小人喻于利。"（《里仁篇》）又曰："君子有九思：视思明，听思聪，色思温，貌思恭，言思忠，事思敬，疑思问，忿思难，见得思义。"(《季氏篇》)九思中最后讲到,君子会思考他获得的是否合乎道义。言语和行为都要讲信义。孔子对子产说:"有君子之道四焉:其行己也恭,其事上也敬,其养民也惠,其使民也义。"(《公冶长篇》)就是说有四种行为合乎君子之道:行为恭敬庄重,侍奉君主恭敬,管理百姓多用恩惠,差役人民合乎道义。

第四,君子要敏于事而慎于言。孔子曰:"先行其言而后从之。"(《为政篇》)又曰:"君子欲讷于言而敏于行。"(《里仁篇》)就是说君子要把自己的理想付之行动,而不是挂在嘴上。孔子批评夸夸其谈的人,他说:"君子耻其言而过其行。"(《宪问篇》)

第五,君子处处要求自己,善于向他人学习。孔子曰:"君子求诸己,小人求诸人。"(《卫灵公篇》)又曰:"不患人之不己知,患不知人也。"(《学而篇》)就是说,不要怕人家不了解你,只怕你不了解别人。"君子病无能焉,不病人之不己知也。"(《卫灵公篇》)君子只怕自己没有能力,而不应怕人家不知道你。要虚心向别人学习,"见贤思齐焉,见不贤而内自省也"(《里仁篇》)。此外,君子知过便改,改了就不是过错了,错了不改,才真正是过错了。所谓"过而不改,是谓过矣"(《卫灵公篇》)。

第六,君子谦虚而不骄傲。孔子曰:"君子泰而不骄,小人骄而不泰。"(《子路篇》)君子的胸怀是敞开的,言行是光明磊落的,所谓"君子坦荡荡,小人长戚戚"(《述而篇》)。君子默默做自己的事,而不与人争,所谓"君子无所争"(《八佾篇》)。又曰:"君子矜而不争,群而不党。"(《卫灵公篇》)君子谨慎而不与人争,不结党营私,所谓"君子周而不比,小人比而不周"(《为政篇》)。所以子贡曰:"君子之过也,如日月之食焉;过也,人皆见之;更也,人皆仰之。"(《子张篇》)

最后,子张问孔子,君子的"五美"是什么?孔子曰:"君子惠而不费,劳而不怨,欲而不贪,泰而不骄,威而不猛。"(《尧曰篇》)

再读《学记》

《学记》是《礼记》中的一篇，成书于战国后期，是我国，也是世界上最早的一部较系统地论述教育的著作。该著作中有许多精辟的教育思想，符合教育规律，至今仍具有重要的现实意义。

《学记》首先论述了教育的重要性。从国家来讲，兴国安民，"古之王者建国君民，教学为先"；从个体来讲，成德成才，"君子如欲化民成俗，其必由学乎？"又曰："玉不琢，不成器；人不学，不知道。"

《学记》对不同年龄阶段的学习做了详细的说明："比年入学，中年考校。一年视离经辨志；三年视敬业乐群；五年视博习亲师；七年视论学取友，谓之小成；九年知类通达，强立而不反，谓之大成。"即是说，按照规定的年龄入学，隔一年考查一次。第一年考查分析经书的能力和学习的志趣；第三年考查学习是否勤奋和乐于与同学切磋；第五年考查是否做到博学多问并与老师讨论；第七年考查是否能够讨论学问和选交朋友，做到了，就是"小成"；第九年应该能够触类旁通，举一反三，并有坚强的信念，不违背老师的教诲，就是"大成"。孔子说："吾十有五而志于学。"十五岁入学，这里指的是大学，不是蒙学，蒙学一般从五六岁就开始了。《学记》把大学分为两个阶段：第一阶段，小有成就，叫小成；再学两年就可以毕业了，叫大成。从十五岁开始经过九年，到二十四岁完成学业，再锻炼几年，就到了孔子说的"三十而立"。

《学记》专门论述了教育的规律,每个老师都要懂得。"君子既知教之所由兴,又知教之所由废,然后可以为人师也。"什么是兴,什么是废呢?教师要诚心施教、因材施教,否则就达不到教育的目的。"使人不由其诚,教人不尽其材。其施之也悖,其求之也佛。"教师要了解学生学习的情况,根据不同情况指导学生学习。"学者有四失,教者必知之。人之学也,或失则多,或失则寡,或失则易,或失则止。"就是说,一个人学习的时候往往有四种失误:或者贪多,或者学得太少,或者把学习看得太容易,或者遇到困难就放弃。教师要根据每个学生学习的情况提出不同的要求,扬长避短。"教也者,长善而救其失者也。"

教育要及时,但又不能超越。"当其可之谓时","时过然后学,则勤苦而难成"。教育要遵循儿童成长的规律,适时施教,错过了儿童成长的关键期,学习再勤奋,也难有大成就。所以今天我们要重视早期教育。但学习不能操之过急,要循序渐进,不能拔苗助长。所谓"不陵节而施之谓孙","学不躐等"。早期教育不等于要儿童过早地学习知识,要根据儿童的年龄特点,施以不同的教育。可是我们现在有许多父母,急于让儿童过早地学习各种知识,既违背了古训,也违背了教育规律。

《学记》还对教师教和学生学提出了许多符合教育规律的要求。

教,要采取启发式,要提高学生的学习兴趣,循循诱导,不可强迫。"故君子之教喻也:道而弗牵;强而弗抑;开而弗达。道而弗牵则和;强而弗抑则易;开而弗达则思。和易以思,可谓善喻矣。"就是说,教师指导而不强迫,就能和谐;严格要求而不抑制学生的积极性,学习就容易了;启发心智而不是把结论都教给学生,就能启发学生思考。师生和谐,学生乐于学习,善于思考,教育也就有成效了。

学,要时时学习,不能懈怠。"大学之教也,时教必有正业,退息必有居学。不学操缦，不能安弦；不学博依，不能安诗；不学杂服，不能安礼；不兴其艺，不能乐学。在君子之于学也，藏焉修焉，息焉游焉。"就是说，在学校要学习正式的课程，休息的时候也要学习一些作业，开展一些活动，补充校内的学习。

《学记》还提出"教学相长"的主张。"学然后知不足，教然后知困。知不足，然后能自反也；知困，然后能自强也。故曰：教学相长也。"这充分说明了教与学的辩证关系，也说明了师生的关系。

《学记》内容十分丰富，是非常完整的教育学专著，应当成为教师的必读书，希望我们的老师都能读读，领悟教育的真谛。

读帖有感

    我不是书法家，但喜欢书法，有时也弄弄笔墨。因为小时候从小学一年级描红开始，一直到初中毕业，每天都要写一张大楷、半张小楷。所谓大楷就是写一尺见方大字一张，共 16 个字；所谓小楷就是写小字，因为字小，写一张要数百字，所以只能写几行，至多半张。寒暑假时更是将其作为作业，每天都要写。到高中没有写字要求了，但喜欢书法的同学会常常在一起切磋。学写字，开始先要临帖，先临正楷，一般是临柳体或颜体。柳体即柳公权写的帖，颜体即颜真卿写的帖。正楷学好了再学行书、草书、隶书、篆书等。

    学书法不仅要临帖，还要读帖，我觉得读帖很重要。临帖是学习基本功，打好写字的基础。读帖则是博览众家书法，欣赏之余，还要吸收各家的特点，创造自己的风格。我的书法缺乏个性，没有自己的风格，就是因为长期不练习，特别是读的帖太少，见识太浅。自从中学毕业以后，我只在"三年困难时期"，因提倡劳逸结合，才有空每天写上几张，后来一忙又撂下了。直到近几年，一方面不少中小学老师要我写几句他们的教育理念，另一方面因为视力衰退，看书困难，为了消磨时光才读起帖来。

    读帖不仅能欣赏和学习名家书法，而且能够长知识、受教育。最近我读《初揭墨池堂法帖》，内有王羲之、王献之、虞世南、欧阳询、苏东坡、黄庭坚、赵子昂等的法帖，各派纷呈。读来让人感到中国文字之美。我最爱苏东坡的字，气势磅礴、豁达洒脱。其中一帖名《画记》，不仅文字优美，而且内容真切。其曰："余尝论画，以为人禽宫室器用皆有常形。至于山石竹木，水波烟云，虽无常形，而有常理。常形之失，人皆知之，常理之不当难晓，画者有不知。故凡可以欺世而取名者，必托于无常形者也。虽然常形之失，止于所失而不能病其全，若常理之不当，则举废之矣。以其形之无常，是以其理不可不谨也。"临摹碑帖，不在于形似，而要重神似。其实做人不也是这样吗？一个人的言行，虽然无常形，但有常理。我们往往只看到一个人的表面言行，但一个人的品格则难以在表面显露出来。虽然人的外表不一样，是无常形的，但做人总是有一定的品质，是有常理的，不可不谨慎啊！

最近又读了《岳少保书武侯出师二表》。岳飞的草书不仅气势磅礴、龙飞凤舞、美不胜收，其内容更是感人。岳飞在后记中说，他路过南阳时进谒武侯祠，遇到下雨，就留宿祠内，晚上秉烛细观祠壁石刻中的诸葛亮的前后出师表，不觉流泪。祠内道士要他写几个字，他就挥涕走笔，以抒发胸中的抑郁。这正是英雄遇英雄，一片爱国情怀。诸葛亮"鞠躬尽瘁，死而后已"的精神已经让人感动万分。读了岳飞法帖，更是不禁潸然泪下。

读鲁迅《未有天才之前》

鲁迅的《未有天才之前》是其于 1924 年 1 月 17 日在北京师范大学附属中学校友会上的讲演，由葛超恒记录。最初发表于北京师范大学附属中学的《校友会刊》第一期，后经鲁迅校正，于同年 12 月 27 日刊于《京报副刊》，最后收入《坟》。

鲁迅讲演的主题是"天才"，即怎样看待天才和大众，怎样才能出现天才。鲁迅认为，想要有天才，首先要有民众。他说："天才并不是自生自长在深林荒野里的怪物，是由可以使天才生长的民众产生、长育出来的，所以没有这种民众，就没有天才。……在要求天才的产生之前，应该先要求可以使天才生长的民众。——譬如想有乔木，想看好花，一定要有好土；没有土，便没有花木了；所以土实在较花木还重要。"

鲁迅并未否定天才的存在，他在最后讲道："我想，天才大半是天赋的；独有这培养天才的泥土，似乎大家都可以做。做土的功效，比要求天才还切近；否则，纵有成千成百的天才，也因为没有泥土，不能发达，要像一碟子绿豆芽。"同时又说："泥土和天才比，当然是不足齿数的，然而不是坚（编者注：艰）苦卓绝者，也怕不容易做；不过事在人为，比空等天赋的天才有把握。这一点，是泥土的伟大的地方，也是反有大希望的地方。"

鲁迅这篇讲演是在 94 年以前，但他讲的问题好像就在眼前。我们今天虽然没有喊出天才，但是对所谓拔尖创新人才或杰出人才，大家都如饥似渴地期盼着。社会上流传着"钱学森之问"，对于我们的学校什么时候能够培养出杰出人才，人们产生了一种急躁的情绪。许多父母认为自己的孩子是天才，于是从娃娃抓起，上奥数班、艺术班及各种辅导班。有的父母甚至让孩子上六七个辅导班，参加各种竞争。我们有的名校为了培养杰出人才，就想方设法办起各种"尖子班""掐尖班"。这些班办了几十年了，不知道到底出了几个杰出人才。我想他们应该跟踪调查一下，这些班的毕业生中究竟有几个杰出人才。

我想，就像鲁迅说的那样，没有教育的普及、大众的提高，也不可能培养出杰出人才。杰出人才绝不是从小掐尖出来的，是在普及教育的基础上脱颖而出的。因此，办好所有学校，普遍提高教育的水平，杰出人才才能脱颖而出。我们不否定英才教育。人的天赋是有差异的，要因材施教。教育，特别是基础教育是打好人才成长的基础。在这个过程中，及早发现儿童的兴趣爱好和特长，顺其自然地引导儿童的发展，待到一定程度，要为他们创造条件，使他们的才能得到迅速的发展。可以说杰出人才不是教育培养出来的，教育只是提供条件，杰出人才还需要自己的勤奋和意志，需要各种有助于他发展的品质。也就是说，教育只是培育杰出人才的泥土。

附带说一句，之前听到一种舆论，似乎取消了奥数班（其实并未取消，各地不是变相地在办吗?），我国在国际奥数竞赛中得奖少了。这真是奇怪的论调。想当年（1986年）我任北京师范大学副校长时，让北京师范大学附属实验中学办起了第一个，也是全国唯一的一个奥数班，第一年在国际竞赛中就拿到了4块金牌。现在全国都在办了，金牌反而少了，说这是取消奥数班的结果？这不是咄咄怪事？我并不反对有奥数班，但它只适合于一小部分在数学上有天赋且感兴趣的学生，全民学奥数，恐怕并非好事。

所以鲁迅说到，要做好的泥土也不容易，没有艰苦卓绝的精神和扎实的工作是做不好的。因此，做泥土也是伟大的，也是大有希望的。我们广大教育工作者要甘心地、安心地做泥土，努力耕耘，不要去做揠苗助长的事情，这样才能培育出好的花朵——杰出人才。

（以上8篇文章原载《中国教师》，略有改动）

我是新中国第一批留苏学生

　　新中国成立之初，百废待兴，各行各业都需要人才。党中央十分重视人才的培养。新中国成立当年的 12 月 23 日至 31 日，教育部就召开了全国教育工作会议，确立了"教育必须为国家建设服务，学校必须为工农开门"的教育方针。根据国家当时向社会主义国家苏联学习的方针，一方面邀请苏联专家来华讲学，另一方面选派学生到苏联留学。我有幸成为新中国第一批留苏学生，当时情景，至今还历历在目。

　　1951 年的暑假，我们北京师范大学教育系二年级的几个同学正在什刹海学习游泳。忽然学校党总支书记李传信同志找我去谈话。他和我开始聊了聊家常，然后问我，如果派你到远方去较长时间，你有什么困难？我以为组织上要调我出去工作。因为当时各条战线都需要人才，而且正在"抗美援朝"时期，我们班上已有几个同学去参军，还有的被调到团中央、北京市政府工作。当时西藏刚解放，很需要干部，所以听说要调我到远方去几年，我想一定要到西藏去。没有想到过了几天，学校让我到燕京大学去参加留学生考试。所谓考试，也就是写了一篇自传。考试结束，我就留在燕京大学做各种出国的准备。

　　1951 年 8 月 19 日，新中国首批 375 位派往苏联的留学生启程。出发前夕，周恩来总理在北京饭店设宴欢送我们。这是我第一次近距离见到周总理。

留学生纷纷上去敬酒，我也去了，总理问我学什么专业，我说学教育专业。他就对旁边的教育部部长马叙伦说："这是你的干部。"周总理勉励我们好好学习，学成回来，报效祖国。他的讲话令我们激动不已。宴会后，总理还和同学们跳了一会儿交谊舞。这真是一个难忘的日子。

在这300多名留学生中，大多数是从大学一、二年级抽调的，其中有126人是大学教师，去攻读研究生，还有少数高中应届毕业生。当时大多数人都没有学过俄语。据说，毛主席说，没有学过俄语不要紧，让他们到那儿去学吧。这也说明了当时国家对人才如饥似渴的需求。

我们一行300多名中华学子，怀着对世界上第一个社会主义国家苏联的向往和憧憬之情，坐了一个多星期火车抵达苏联首都莫斯科，每个人都激动万分。我们先到莫斯科动力学院休息，等待分配到苏联全国各大高等学校。我和两位同学被分配到苏联国立莫斯科列宁师范学校。

几天以后，莫斯科列宁师范学校校长基列耶夫亲自来接我们。一路上他滔滔不绝地给我们介绍路边的名胜古迹。由于我们还不懂俄语，听不懂他给我们介绍的是什么，但是我们深深感受到了他的友好和热情。后来我们才知道，基列耶夫是很有声望的学者和社会活动家，在苏联卫国战争时代，曾担任过莫斯科广播电台的台长，当时任联共中央纪律委员会委员。他是一位严肃、认真的领导者，不苟言笑，但对我们中国留学生却十分亲切和关怀。他时常约我们去座谈，询问我们学习和生活的情况，问我们有什么困难和要求需要学校帮助解决。学校每个星期都有校长接待日，他的办公室外面常常有许多老师等着见他，但如果我们去了，他总是优先接待我们。基列耶夫校长亲切而又严肃的形象，让我们至今难以忘怀。

基列耶夫校长把我们安排在离学校最近的宿舍，乌萨乔夫街，到学校有公交车两站的路程。由于我们还不会俄语，他还特别安排了高年级的朝鲜留学生金松基陪同我们。金松基并不会说汉语，但能看懂文字。于是我们通过笔谈沟通。他陪我们去办入学手续，陪我们到商店购买食品。金松基给予我们很大的帮助。

在苏联学习是非常艰苦的。我们在国内没有学习过俄语，所以第一步就是要学习语言，过语言关。学校请了一位很有经验的中学俄语老师雅科夫斯基来教我们俄语。他并不会汉语，于是第一课就领着我们读《儿童看图识字》课本，上面有日常用品的图画和对照的名词，如桌椅板凳、蔬菜瓜果、交通工具等共 1000 余个单词。老师要求我们一个星期背熟记牢。第二个星期他就领着我们读《联共党史》教材第一段。亏得《联共党史》有中译本，我们一字一句地对照着阅读和理解。学习了一年俄语，才正式进入班级和苏联同学一起学习。学理科的同学，一般学一段时间俄语就能插入班级继续进行专业学习。我们学文科的则要从头学起，因此整整学了 5 年才毕业回国。

20 世纪 50 年代是中苏关系最好的年代，苏联人民和同学对我们都十分友好。我们学了一年俄语后去听课，还是模模糊糊、懵懵懂懂。班级共青团组织选派了团员一对一地帮助我们，课后帮助我们整理笔记。我们直到二年级才能基本掌握教师讲课的内容。老师讲课，没有固定的教材，只布置原著让学生阅读，然后进行课堂讨论。我们读原著要比苏联同学多花几倍的时间，因此开夜车是我们生活的常态。虽然学习艰苦，但为我后来的教育研究奠定了理论基础。

我 1956 年回国，就在北京师范大学工作至今。其间在北师大附中、北师大二附中担任了几年中学教师和教育管理人员，使我有机会向第一线有经验的老师学习，积累了一些本土的教育经验，从而能够为我国的教育事业贡献一些微薄的力量。

（原载《中国教育报》，2019 年 9 月 27 日，略有改动）

我与共和国同行

1949 年夏天，我揣着北京师范大学（当时称北平师范大学）的录取通知书，于 8 月初从上海乘火车来到北京，从此走上了教育工作的道路。入行 70 年来，我与共和国同行，在党的教育和同志们的帮助下，逐渐成长。

2019 年是新中国成立 70 周年，回首往事，浮想联翩。刚入学不久，就遇上全国政治协商会议的召开和 10 月 1 日举行开国大典。10 月 1 日一清早，我们就到天安门广场集中等待伟大时刻的到来。下午 3 点钟，听到毛泽东主席在天安门城楼上宣布"中华人民共和国中央人民政府今天成立了"，便见五星红旗缓缓升起，全场欢呼声雷动，"中华人民共和国万岁!""毛主席万岁!"毛主席则高呼"人民万岁"! 这是我一生中最难忘的时刻。

70 年来，中华人民共和国在中国共产党的领导下，在社会主义建设的征途中，历经风风雨雨，克服了众多艰难险阻，迈入了中国特色社会主义新时代，开始了新征程。

我是党培养起来的新中国第一代教育工作者，在党的教育下，树立了坚定的共产主义信念，是党教育我要全心全意为人民服务、为教育事业服务。我在北师大开始了教育的启蒙学习。1951 年党派我到苏联留学，不仅系统学习了教育理论，更重要的是系统阅读了马克思主义、列宁主义著作，为我后来的专业研究奠定了理论基础。回国以后，我先后在北师大、北京西城师范、北师大附中、北师大二附中任教。这些经历使我接触到教育第一线，并向那里的老师学习，从而积累了教育实践的经验。

我是一名普通的教育工作者，在理论上没有多大建树，只是在教育实践中有一些体会，而且有些是从教育实践的失败中得出的经验教训。我认为，学生应是教育的主体，并总结了四条教育信条，即"没有爱就没有教育，没有兴趣就没有学习；教书育人在细微处，学生成长在活动中"。

有人问我，在你70年的教育生涯中，比较满意的有哪几件事？我认为，第一件事，是我一辈子从事的是师范教育，所以非常重视教师的成长发展。1989年，我曾经写了一篇小文章——《必须使教师职业具有不可替代性》。为此，我努力为中小学教师争取设立教育硕士专业学位，终于在1997年得到国务院学位委员会的批准。于是中小学教师有了成长发展的一个平台。教育硕士专业学位建立20多年来，已经有32万余人攻读，20余万名中小学教师获得了硕士学位。2009年又开始设立教育博士专业学位，2010年开始招生，截至2017年已招生1304人，已有280名中小学教师获得博士学位，我国由此培养了一支高水平专业化的教师队伍。

第二件事，是为学科教育学的建设做了一些工作。师范院校培养师范生，必修教育学、心理学、教材教法。教材教法是一门实践性很强的课程，不仅要向师范生分析中学所设的课程和教材，传授教学方法，还要指导学生到中学去实习。这是一门培养教师专业化很重要的课程，但是却一直得不到师范院校重视，从事这门课程的教师也得不到应有的尊重，不认为教学法也是一门科学。这种状况必须改变。

改革开放后我国学位制度的建立，给改变教材教法学科的命运带来了契机。1983年国务院学位委员会教育学科评议组设置教育学科专业目录时，我建议把教材教法专业改名为学科教学论专业。这不仅提升了学科教学论的学术地位，而且为学科教学论的发展提供了政策基础。我在北京师范大学任副校长时，组织了学科教学论的教师队伍；在学校学位评定委员会下面成立了学科教学论评定委员会分会，为学科教学论的发展创造了条件。30 多年来，这门学科得到了很大的发展，教师队伍得到很好的成长。

第三件事，是我有幸参加了《国家中长期教育改革和发展规划纲要（2010—2020 年）》（以下简称《规划纲要》）的制定工作。此后，作为国家教育咨询委员会委员，我走访了十几个省市，看到《规划纲要》的指标要求逐步落实，每个孩子都能接受到免费的义务教育，心里特别高兴。

70 年来，我在党的教育培养下逐渐成长，与共和国同行。如今，进入了中国特色社会主义建设的新时代，我仍将继续学习，不断奋进，为祖国的教育事业贡献微薄的力量。

（原载《人民教育》，2019 第 6 期，略有改动）

有些性格像鲁迅

——《直面与正视：鲁迅与我七十年》序

我认识海婴是在 1956 年。那年夏天我和周蕖结婚，周建老为我们在中山公园"来今雨轩"设宴招待家人和最亲近的朋友。到场的自然有许广平妈妈带领的一家，还有杨之华、徐伯昕夫妇以及我们在苏联留学的几位同学。海婴负责摄影，为我们留下了许多美好和值得怀念的影像。因为他忙着摄影，我们全家福里反而没有他的照片，不能不说是有点遗憾。以后我们就有五十多年的交往。我们两人是同龄人，可惜他先我而去，使我无限悲伤。

20 世纪五六十年代，每逢五一国际劳动节和十一国庆日，北京都要举行阅兵和游行。我们早上 6 点多钟从北京师范大学出发经过西安门，到北池子，在南池子一带待命，等到经过天安门接受毛主席检阅后在南长街解散。那时已到中午，正是饥肠辘辘，我和周蕖就直奔景山东街广平妈妈那里去蹭饭吃。广平妈妈总是热心招待我们。于是有时就和海婴海阔天空地聊起来。

海婴绝顶聪明。据周建老回忆，海婴小时候就喜爱机械玩具，并且喜欢拆拆装装，十二三岁就开始摆弄摄影和无线电。那时他在亭子间里搞了一个小小实验室，自己组装无线电收音机。到晚年他还有注册的私人电台。我对无线电一窍不通，但年轻时也喜欢摄影，当然也只是玩玩，旅行时留个纪念，没有海婴那样精通。那时彩色照相兴起不久，我在苏联买了一套冲洗彩照的设备，程序很复杂，我试验几次都不太成功。我觉得海婴可能会用，就把它送给了他。后来彩照的技术发展得很快，我那套设备可能也就没有起到什么作用。海婴是先进技术的弄潮儿，20世纪七八十年代常常骑着漂亮的摩托车到我们家来看望他的三叔周建老，每次都会给我们摄像。我家的全家福照片都是他照的。

海婴80岁时在北京国子监举行了一次摄影展览，邀请我去参观，使我大开眼界。我不仅佩服他摄影技术之高超，更钦佩他从青年时代就关心社会。照片中不仅有社会民众的生活，还有许多历史人物的影像。他的摄影作品，不仅是艺术的创造，而且反映了时代的脉络，具有很高的历史价值。

海婴和三叔周建老有深厚的友谊，称呼他为三爹，平时每年都来看望他。记得20世纪60年代周建老在浙江工作，海婴那时身体欠佳，就到杭州三爹那里住过一段时间，这是他们叔侄相处最长的一段时间。他还送给三爹一方田黄石印章。可见他们在那里曾谈文说赋，一定十分愉快。我们家一般没有过生日的习惯，更是从不做寿。但1978年周建老九十诞辰那天，海婴却捧了一个大蛋糕来，有上下三层，说是特地到北京饭店去订做的。大家当然欢聚一堂。

海婴的性格很刚毅，做事很干脆利落，从不拖泥带水，但实事求是，从无虚假。有时我们通电话，正事谈完，他就说，就谈到这里吧，电话就挂断了，来不及与他说闲话。但他办事十分认真，什么事都要穷追到底。所以周建老曾说他："有些性格像鲁迅。"

有一件事值得记一下。早在新中国成立初期，周建老就与广平妈妈把北京八道湾的房产中属于他们的两份捐献给国家了。1958年秋天，周建老带我和周蕖去看望了鲁老太太的墓地，大约在玉渊潭附近。那时那里还是一片荒野。鲁老太太的坟被几十棵松柏树围绕，虽然没有陵寝房屋，倒也非常庄严幽静。不久听说北京市要在那里开发用地，周建老就与广平妈妈商量，给当时的彭真市长写了一封信，表示要把这块墓地也捐给国家。80 年代，海婴想把鲁老太太的灵柩迁葬到绍兴。他和我去寻找那块墓地，那里已经盖起许多房子，鲁老太太的灵柩已迁到另外一处空地。房管所的同志带我们去看过，但已经无法确定，商量多次，只好作罢，感到十分遗憾。

海婴晚年，曾经因为绍兴祖坟立碑的事生过气。事情是这样的，21 世纪初，绍兴有人发现并告诉海婴，鲁迅父亲周伯宜墓前立有一块以周丰一率子女名义立的墓碑。海婴就很有意见，祖宗是大家的，怎么能以一家的名义立碑。他与堂妹周蕖商量，提出了一个方案，并在上海讨论共同签注了意见，重新在周福清墓前以"越城周氏第十五世曾孙同立"、在周伯宜墓前以"越城周氏第十五世孙同立"的名义各立了一块墓碑，这就比较全面周到，把周氏三兄弟都包括在内了。2017 年 9 月，令飞带领我们专门去绍兴扫墓，墓碑做得很气派，这都是海婴的主意。

我的夫人周蕖，可以说现在见过鲁迅的人恐怕也就只剩她一个人了。鲁迅去世时她 4 岁，依稀还记得每周末姊妹三人轮流到鲁迅家里做客，和海婴一起玩耍。海婴在世时，我们每年总会见面聊聊家常。海婴也说："我就只有这一个妹妹了。"因为大姐、二姐都不在了。想起这些事来，如在眼前。

海婴去世后，我一直想写点纪念文章，但一直理不出头绪来。2019 年是海婴诞辰 90 周年，令飞将海婴的《鲁迅与我七十年》重版，并更名为《直面与正视：鲁迅与我七十年》。书名改得好，海婴这本书正反映了他的性格，实事求是，直面自己的人生。作为名人的后代，他受到的压力是一般人难以理解的；他也不为尊者讳，写了许多鲜为人知的事，纠正了社会上流传的许多误解。令飞要我为新版书作序。本来我觉得海婴此书具有研究鲁迅的重大价值，应该请鲁迅研究者写序。令飞执意要我作为海婴的亲属和朋友来写。我从命写了这些回忆以表达我对海婴的怀念之情。

（选自为《直面与正视：鲁迅与我七十年》写的序，略有改动）

亟需抑制抢生源的恶性竞争

2016 年第一学期即将结束，第二学期将在春节后开学。高中的校长们又在为招收新一届学生忙碌了。2014 年国务院发布的《关于深化考试招生制度改革的实施意见》（以下简称《实施意见》）明确规定："改进高中阶段学校考试招生方式，实行优质普通高中和优质中等职业学校招生名额合理分配到区域内初中的办法。"高中属非义务教育阶段，除了把招生名额分配到区域内初中外，还要经过考试，优质高中择优录取。这无疑是公平的办法。但是近年来有些中学为了片面追求升学率，特别是追求升入清华北大等名校的升学率，违背了《实施意见》规定，不仅不将名额分配到区域内初中，而且跨区域去争夺优秀生源，造成了区域之间的无序竞争。

现在各省在县域内都建有一两所优质高中，便于县域内优秀学生接受较优质的教育。但有少数考试成绩突出的学生，被清华北大等重点大学录取比例较高的所谓名校抢先选拔走，有的学校甚至使用重金去收买优质生源。还有的学校招收已被高校录取但觉得学校仍不够理想的学生到校复读，用强制训练的方法使他们第二年能够考上名校。这就破坏了当地的教育生态，使得当地县级高中无法招收到本地的优秀学生，当地校长意见极大，造成了恶劣的社会影响。

这些所谓名校，以学生考入名牌大学为目的，集中了所谓优质生源，采取封闭式的管理方式和灌输式、训练式的学习方法，剥夺了学生所有的自由时间。据说，这些学校的学生连吃饭时都手拿课本，整天埋头于作业练习之中，要求做到拿到考题，"一看就会，一做就对"，准确无误地考出高分。我怀疑，这种教育方式，是在培养符合现代化要求的创新人才，还是在培养考试的机器？我不是说这些学校一无是处，但出发点错了，片面追求升学率的目的错了。而且，这些学校教学方法陈旧，不是启发学生的创新思维，而是靠题海战术，以练习做题为主要方法。这种做法在当前以单一考试成绩为招生录取标准的方式下，确实使一部分学生考入了名牌大学，但这些学生将来的发展，未可预料，需要跟踪调查研究，不便妄论。毫无疑问，这种教育的恶性竞争却破坏了整个教育生态，不利于教育的发展。学校无非是追求一己私利，为了出名，却有损于教育的整体发展。

教育部门必须抑制这种无序的教育竞争，切实落实《实施意见》的规定，建立一个区域和谐、共同发展的良好教育生态。

（2017 年 1 月 2 日）

全社会来共同治理"教育污染"

2015 年 5 月，我有机会访问芬兰，参观了他们从幼儿园到大学的整个教育系统，同时和芬兰的很多教育同仁相互交流。芬兰教育质量好，教师水平高，这是众所周知的事情。可是，让我印象最深刻的却是芬兰良好的教育生态环境。安迪·哈格里夫斯（Andy Hargreaves）等学者曾提出，与世界大多数国家强调的"标准化考试""效益""竞争"思维不同，芬兰走的是"第四条道路"，即信任、创新、专业、民主的发展道路。

芬兰社会高度重视教育，将教育视为人力资源开发和国际核心竞争力提升的国家战略，对教师充分信任。教师不再只是政策的最终执行者，被无情地驱动着耗尽自己的教育激情，相反，他们在包容、信任、尊重的社会环境中尽情发挥教育创造的想象力，自觉地、持续地推动芬兰教育的改革和发展。同时，他们鼓励学生自主学习，不断创新，享受学习最本真的快乐。我在与赫尔辛基大学的原副校长，芬兰著名的教育专家涅米（Niemi）教授谈话时，有人问我如何看待中国教育中的减负问题，我脑海里突然冒出了"教育污染"这个概念，它很形象生动地解释了当前中国教育所面临的困境。

新中国成立以来，我国教育有了很大发展，取得了举世瞩目的成绩，这是毫无疑问的。但现在社会上又对现行的教育制度不满意，朋友聚会都在讨论孩子的教育问题，很多有条件的家长选择将自己的孩子送出国留学，似乎对中国教育丧失了信心。中国教育的问题究竟出在哪儿？我去年春节期间 12 天没下楼，写了一篇 7 万字的文章《中国教育路在何方》，谈的就是这个问题。今年 5 月，联合国教科文组织在韩国仁川举行了世界教育论坛，论坛主题就是"教育改变命运"。教育竞争激烈，其实是社会矛盾在教育领域的反映，社会分配不公，就业困难，贫富差距过大，城乡二元结构尚未消除，社会用人制度的学历主义，"学而优则仕"的思想传统，攀比文化，信任危机等，都深刻地影响着学校内部的教育。当然，教育内部也存在很多问题，如我们的教育观念还相对落后，人才培养模式相对陈旧，"应试教育"的状况还没有得到根本改变。一些地方政府、学校和家长只看重升学率，看重考分，破坏了学生自身学习的兴趣和创造力，不顾孩子终身可持续的发展。片面追求升学率可以说是教育领域的"GDP 观"。过去我们搞工业，追求 GDP，结果污染了环境，现在治理起来要付出很大的代价，北京的雾霾就是典型。如今，以追求"教育 GDP"而产生对儿童的危害，是不是也可以称之为"教育污染"？它破坏了学生学习本身的快乐和创造力的发挥，影响了教育培养人、发展人的基本功能，使教育不断被异化，如若不及时治理，未来我们的民族、我们的后代，恐怕要付出更大的代价。

教育是人类传承文化、培养人才的社会活动，是社会进步、民族振兴的基石，在我国社会主义建设中具有基础性、全局性、先导性的作用。教育更是一个社会系统工程，大家要觉醒起来，要用治理环境污染的决心来治理"教育污染"。我认为解决这些问题需要从两方面着手，一是转变教育观念，二是建立完善的教育制度，依法治教。

各级政府要转变观念，要把思想统一到中央的精神上来，认真贯彻党的教育方针，把立德树人作为教育的根本任务，不要用"升学率"、考试成绩来评价学校、评价教师。让教育回归教育本真，全面贯彻教育方针，推进素质教育，使学生得到全面而个性的发展。

家长要转变观念，不要给孩子预设他的生活和前途，不要拔苗助长，要顺应儿童发展的自然，遵循儿童发展的规律，循序渐进。教师要转变教育观念，树立以人为本、人人成才的观念，热爱每个学生、尊重每个学生、理解和信任每个学生，把学习的选择权交给学生，让学生自主、自动、生动活泼地生活和学习。

政府要改进教育治理方式，简政放权，克服追求"教育 GDP"的观念，明确学校职责，不要把所有社会责任都加在学校身上。

制度要改革，首先要改革评价制度，不以升学率和考试成绩评价学校和教师，把教师从分数中解放出来，这样教师才能放开手脚改革人才培养模式，改进教育方法。

（原载《中国教育报》，2015 年 9 月 15 日，略有改动）

教育领域里的悖论

教育对一个国家民族来讲，关系到国家的兴衰、民族的未来；对一个家庭来讲，关系到一个家庭的幸福；对学生个人来讲，关系到一生的前途。尽管大家都希望教育越办越好，但教育领域还存在许多悖论。

悖论之一是，近年来教育形势大好，促进教育公平、提高教育质量，均有较大进展。但一些有条件的家庭仍然愿意把孩子送到国外去学习，特别是高级知识分子家庭，每年以两位数的比例增长，而且出国孩子年龄越来越小。过去是怕考不上大学而送孩子出国学习，现在是优秀的孩子选择出国学习。许多家长反映，中国的中小学教育对孩子要求过多，限制过死，束缚孩子潜在能力的发展。因为怕影响孩子的发展，所以要早一点送到国外去学习。

什么是真正的教育质量？许多校长、教师口头上说提高教育质量，但把教育质量停留在考试分数上，实际上做着违背提高质量的事，增加学生负担，进行机械的训练，极大地妨碍了学生综合素质的提高。

悖论之二是，某些地方干部一方面高喊素质教育，另一方面给学校、教师施加压力，把升学率作为自己的政绩。要知道，升学率是一个常数，每年全国升学率都有一个定数。甲学校提高了，乙学校就会降低，不可能每所学校都年年提高。追求升学率就会像盲目追求国内生产总值（GDP）一样，污染了环境，将来治理要付出成倍的代价。

悖论之三是，一方面规定要减轻学生的课业负担，小学低年级不留作业，另一方面教师又布置许多家庭活动，甚至需要学生和家长共同完成，让许多家长觉得苦不堪言；一方面学校减少了学生的家庭作业，另一方面家长又送孩子上各种补习班，学生负担日益加重。总之，教师和家长一起，不让学生有空闲的时间，不让孩子有自由的游玩活动，不相信孩子需要在玩耍中成长。

悖论之四是，教育部门一方面规定减少学生的考试，另一方面又布置各种测评，虽说是抽样的，但学校班班要准备，结果反而增加了学生负担。教育质量的监测是需要的，但要不要用考试的方法来测评？用这种方法监测还是一种分数思维，依然是以考试分数为标准。国家明文规定不要以分数排队，但有些地区仍然半公开地按分数对学校排队，学校也按分数对学生排队。学校、教师和学生因而都感到很大的压力。

悖论之五是，大家都说要培养创新人才，从小要打好基础，但我们的人才培养模式又处处限制学生思维。许多小学限制学生的自由活动，这也不许干，那也不能做。许多家长反映，孩子得不到自由发展。一方面要培养学生创新精神，另一方面又不重视学生批判性思维能力的培养，事事都设标准答案。

悖论之六是，天天说要把爱心献给学生，要热爱每个学生，却常常把学生分成三六九等，继续评选所谓的"三好学生"。要知道这样只能鼓励一部分学生，却伤害了大部分学生。学生正在成长中，发展不是线性的，有时是会犯错的，人的一生就是在犯错中不断成长。我们天天在讲宽容，但对孩子的犯错却不宽容。学生是需要激励的，需要榜样的，但不能把学生定格在谁是好学生、谁是差学生上。

悖论之七是，大家都认为"教育大计，教师为本"，要尊师重教，但教师群体却得不到社会应有的信任和尊重。许多家长对学校抱有"托管"思维，把孩子交给学校，学校就要负全部责任，缺失家庭教育，"校闹"事件时有发生。一方面家长希望孩子有好老师，因此不仅要择校，还要择老师，另一方面很少有家长愿意把孩子送去学师范。这说明在我国，教师职业缺乏足够的吸引力，尊师重教某种程度上还停留在口头上。

悖论之八是，家长一方面希望孩子过上幸福的生活，另一方面又在压抑孩子，让孩子埋在作业堆里，"两耳不闻窗外事，一心只做练习题"，使孩子养成孤僻、以自我为中心的性格，还美其名曰"为了将来的幸福，只好牺牲童年的幸福"。事实上，没有童年的幸福，没有养成良好的习惯，没有形成完善的人格，孩子将来也不可能幸福。

教育领域类似的悖论还有很多。笔者认为，这些悖论破解了，我国教育必能更健康地发展。

(原载《中国教育报》，2016 年 1 月 26 日，略有改动)

规范办学，促进民办教育的发展

最近看到一篇文章说："高收入群体纷纷逃离公办学校。"另有人说，现在的教育是"国退民进"。民办教育是我国教育事业发展中的一个组成部分。《国家中长期教育改革和发展规划纲要（2010—2020 年）》（以下简称《规划纲要》）中第十四章第四十三条中写道："大力支持民办教育。民办教育是教育事业发展的重要增长点和促进教育改革的重要力量。"毫无疑问，民办教育应该健康地发展。但是当前部分地区出现的这种民办学校挤压公办学校的局面值得关注。由于民办学校收费较高，只有经济条件比较富裕的家庭才能送孩子上民办学校；同时许多民办学校享受政府的优惠政策，可以提前招生、跨区招生，把优秀的学生招录进去，公立学校因而招不到优秀学生，教育质量有所下降，于是出现了新的教育不公平，引起了许多家庭家长的不满和社会人士的忧虑。这个问题亟待解决。

民办教育是我国教育事业的组成部分，为我国教育改革和发展做出了一定贡献。我国民办教育的发展有特定的背景。新中国成立以后，在计划经济时代，学校教育都是由国家举办。改革开放之初，民办学校因国家教育投入不足而兴起。随着市场经济的发展，一批民间资本进入教育领域，促进了教育的发展，同时国家也鼓励民间资本办学。为了支持民办教育，促进和规范民办教育，2002 年全国人大制定了《民办教育促进法》。改革开放 40 年来，民办教育有了较大的发展，但发展过程中良莠不齐。许多民办学校举办者都是抱着发展祖国的教育事业和教育改革的初衷，利用民办学校灵活的体制，力图把学校办成优质教育。但也有一些投资者把办学作为一种投资，注重经济的收益，缺乏对学校教育工作的精心安排。因此，2013 年全国人大常委会又对《民办教育促进法》进行修订，进一步规范民办教育。修订后的法律规定民办学校分为营利性和非营利性两类，非营利性学校可以享受公办学校同等的待遇。

民办教育发展至今天，性质逐渐发生了变化，由原来的补充公办学校的不足，转变为选择性教育，适合不同家庭和学生的需要。因此，21 世纪以来，民办教育又兴起了新的高潮。这适应了时代的要求，促进了我国教育多元化发展。有些民办学校确实办得很有特色、质量较高，许多家长选择优质的民办学校是完全可以理解的。同时，随着我国经济的发展，人民群众对教育有不同的需求。民办学校可以满足不同需求，提供可选择的教育形式。所以《规划纲要》中指出："民办教育是教育事业发展的重要增长点和促进教育改革的重要力量。"但是我认为，这种选择性教育主要应在高中以上的教育阶段，义务教育阶段还是要以打好基础为主。

近几年来，随着国家经济实力的增强，国家加大了教育投入，公办学校的条件有了极大的改善，进一步推进了教育均衡发展。同时公办学校中本来就有一批历史悠久、有良好传统的学校。促进教育公平，并不是把优质学校拉平，而是要把它办得更好，来带动其他学校。因此，各地政府应该首先把公办学校办好。

支持民办教育，主要是对民办学校与公办学校一视同仁。《民办教育促进法》规定，"民办学校与公办学校具有同等的法律地位，国家保障民办学校的办学自主权"，同时规定"民办学校的教师、受教育者具有与公办学校教师、受教育者同等的法律地位"。这是国家对民办学校的最大支持。其中优惠政策，主要是在非营利性民办学校的用地和税收方面的优惠，在校长和教师选聘、学校管理和工资待遇等方面有自主权，法律并没有规定考试招生的优惠政策。但是近年来，一些民办学校不是着眼于办出特色，提高教育质量，而是利用地方的特殊政策，以抢生源为目标，提前招生、跨区招生。这就背离了国家支持民办教育发展的初衷。据有些地方反映，有些民办学校的办学条件并不好，不如当地的公办学校，但主要靠提前招生、跨区招生抢占了优质生源，从而导致条件很好的公办学校招不到优秀学生，学校因而萎缩，造成公办教育资源严重浪费。这种现象不正常。

因此，对民办教育的优惠政策应该调整。国家应该促进民办学校和公办学校共同发展。在义务教育阶段，要赋予民办学校和公办学校同等的权利与义务。因此，重新考虑对民办学校的政策引导，不宜给予民办学校提前招生、跨区招生的特权，扼制抢生源的现象。同时要加强对公办学校的领导，提高教育质量。

教育质量是学校发展的根本，民办学校应该把提高质量作为生命线，充分利用民间办学的特殊的灵活机制，以办出特色、提高教育质量来吸引生源，根据学校的特色，适当吸收有特长的学生，从而健康有序地发展。

（原载《光明日报》，发表时文章名改为《民办挤压公办　哪些问题须化解》，2019 年 4 月 16 日，略有改动）

《高校继续教育变革与发展》序

　　继续教育一般是指完成某一阶段学业以后，为寻求某种专业技能或其他所需要的知识而继续学习的一种教育形式，可以是学历教育，也可以是非学历教育。例如英国学制中就设有继续教育，为中学毕业后不能升入高等学校的学生提供"中学后教育"，这种教育不算高等教育，只提供职业性或非职业性课程。

　　我国开展继续教育很早，但常常和成人教育混淆在一起。成人教育应该是一种补偿教育，即让在学龄阶段没有完成学历的人进行补偿学习，使他达到一定的学历水平。如新中国成立初期我国学制中专门设有成人教育体系，设有业余初等学校、业余初级中学、业余高级中学，对当时未能完成学历的工农兵青年进行补偿教育。"文化大革命"以后不久，劳动部曾经为大批工人组织过文化补习教育，也属于补偿教育，但也可以称为继续教育。随着我国教育的普及，此类继续教育已经不复存在。20世纪八九十年代，成人教育兴起，许多高等学校都办起成人教育学院，招收未能进入普通高校的青年，使他们获得高等教育的学历。其实这只是一种补偿性的继续教育。成人高校的水平由于入学的门槛要求比较低，教师也非高校的优秀教师，因此毕业生的水平与普通高校还有相当大的差距。这种成人高等教育随着我国高等学校的扩大招生，也在逐渐萎缩。

那么，高校的继续教育有没有必要再存在下去？回答是肯定的，不仅要继续存在，而且要提高水平，提高质量。今后高校的继续教育应该摆脱补偿教育的模式，而成为终身学习的主要形式。当然，为未能进入普通高校而愿意进一步提高学历水平的人提供教育的成人高校仍可以存在，但高等继续教育一定要向高水平、高科技方向发展，以适应科学技术不断变革的世界。因此，继续教育的对象不是没有高等教育学历的青年，而是已经具备高学历的青年，要满足他们终身学习的愿望。

终身教育产生于 20 世纪 60 年代，即科学技术迅猛发展的年代。正如 1972 年联合国教科文组织的报告《学会生存——教育世界的今天和明天》中所说的，今天"教育的目的，就它同就业和经济进展的关系而言，不应培养青年人和成年人从事一种特定的、终身不变的职业，而应培养他们有能力在各种专业中尽可能多地流动并永远刺激他们自我学习和培养自己的欲望"。当今世界，科学技术日新月异，瞬息万变。我们已经不能通过几次学习就能适应这种变化，而是需要不断学习。同时，新的科学技术革命不仅对教育提出了新的要求，也为建立新的教育体系创造了条件。信息技术的发展及其在教育中的应用，特别是互联网的发展，使教育和学习冲破了学校教育的牢笼，使得教育随处都在，随时都是。"科学与技术的革命、人们可能获得的大量知识、庞大的通信传播网的存在，以及其他各种经济的和社会的因素，已经大大地改变了传统的教育体系，表明了某些教学形式的弱点和其他一些教学形式的优点，扩大了自学的活动范围，并且提高了获取知识的积极性和自觉性"。

高校继续教育发展应该向终身教育转变，才能适应科技的发展、时代的变革。《高校继续教育变革与发展》一书，就是阐明高校继续教育发展的背景，梳理了我国高校继续教育的历程及其存在的问题，提出了在信息化时代高校继续教育发展的方向、管理体制的变革等问题。本书主编包华影教授长期担任北京师范大学继续教育学院院长，积累了丰富经验，也发现了许多问题。本书经过她的梳理，既有理论论述、实际经验，又对未来发展提出了建设性的意见。它的出版对我国今后高校继续教育发展具有重要意义。

（2018 年 6 月 27 日）

在世界比较教育大会上的讲话

尊敬的各位领导，各位远而道而来的专家、学者，女士们、先生们：

大家上午好！

首先，我要代表中国比较教育学者向各位代表表示最最热烈的欢迎！

今天我们在有 13 亿人口的中国的首都，迎来了世界比较教育大会。这是世界比较教育学会联合会历史上的一次大会，也是中国比较教育界的一件有里程碑意义的大事。这次大会对我来讲，更有着特别的意义。我终于在有生之年能够参加期盼了 23 年的在中国召开的世界比较大会。中国比较教育学会自 1980 年参加世界比较教育联合大会以来，至今已有 36 年的历史。我们和世界比较教育学者有着广泛的联系，结交了许多朋友，一直希望世界比较教育大会能在中国召开。但是在组织世界比较教育大会的过程中却遇到了重重困难。原定第 8 届大会于 1991 年在北京召开，后来因某些西方国家学者的偏见推迟到第 9 届于 1993 年在北京召开。但又由于众所周知的原因，第 9 届大会未能在北京举行。整整等待了 23 年，我们的梦想终于在今天实现。十分遗憾的是，我们许多老一辈的学者，我们的老朋友如霍尔姆斯、阿德蒙·金、王承绪先生等已经过世，有的也已经退休，不能出席今天的大会。我本来想，也不一定能等到这一天了，幸运的是我竟然在这耄耋之年，能够参加这次大会，感到十分荣幸，同时也令我感慨万分。

中国是一个有悠久文化历史的人口大国，也是教育人口最多的国家。改革开放 30 多年来，我国全面普及了九年义务教育，高等教育毛入学率达到 40% 以上，全国在校学生达到 2.5 亿多人。比较教育工作者如果不了解这个占世界人口 1/5 的大国的教育，会感到是一种缺憾。今天，我们欢迎世界比较教育学者到这个大国来看一看、听一听。中国的教育虽然取得了巨大的成绩，但也存在着许多困难。由于地域广阔，各地经济社会发展很不平衡，各地教育发展也不均衡，特别是中西部地区的教育质量有待提高；在城镇化的过程中，全国还有 6000 万留守儿童。总之，中国教育在实现现代化的过程中还有许多工作要做。我们要学习各国的先进教育经验。世界比较教育大会在中国召开，给各国学者提供了了解中国教育的机会，也为我们向世界各国学习提供了难得的机会。

当今我们正处在全球化、网络化时代。互联网不仅改变了教育的形态，同时也使教育超越了国家，教育的国际化日益加强。比较教育在全球化、网络化时代将要用另一种思维来考虑未来教育的发展。我相信，我们今后的联系和合作会更加频繁和紧密，比较教育学科也会进一步发展。

最后，祝大会圆满成功，祝各位代表在北京生活愉快！

（2016 年 8 月 26 日）

《创新创业教育研究：国际视角》序

创新是国家经济社会发展的动力。为了实施国家创新驱动发展战略，全国掀起了"大众创新，万众创业"的热潮。教育如何应对这种热潮？需要深化教育改革，从小培养学生创新思维和创新能力，高等学校更是要成为创新创业的基地。

第一，要提高对创新创业的认识。当前世界，科学技术迅猛发展、瞬息万变，国际竞争日益激烈。国际竞争说到底是创新的竞争，是人才的竞争。世界各国无不把培养创新人才作为第一要务。各国的教育改革也是围绕着提高教育质量展开，以提高人才培养的质量为核心，以创新人才培养机制为重点，加快培养创新人才。

第二，要在学科创建、课程改革上下功夫。老的学科分类曾经为学科的发展发挥了重要的作用，但当今新的科学技术革命已经打破了旧式学科的分类，跨学科研究才能有所创新。人工智能的发展需要脑科学、生命科学、电子学、材料学、工程学综合运用与发展。所以 STEAM 课程在国外开始流行起来，而且普及到中小学。

第三，要把理论研究和实际应用结合起来。创新和创业相结合。我国已有不少大学的实验室、研究室与企业结合起来，研究成果能够较快地转化为产品。国外早在 20 世纪中叶就已经建立大学与企业的关系，美国的硅谷、工程研究中心就是最典型的例子。

第四，不要忽视基础理论研究。基础理论研究一时难有经济效果，但许多创新往往在基础理论研究上才得以突破。原子能的发现和应用就是在爱因斯坦相对论的基础上发展起来的。忽视基础理论研究，会使创新缺乏底蕴和后劲儿。

第五，创新教育要从娃娃抓起。每个孩子都具有好奇心，这是创新思维的源头。要保护孩子的好奇心，培养他们学习的兴趣。从小培养他们热爱科学的精神、研究科学的热情，让他们在探究学习、科学实验的过程中，养成钻研的习惯、顽强的意志和不达目的不罢休的毅力。

《比较教育研究》杂志是一个国际教育交流平台，各国的教育改革情况都会第一时间在这个平台上展示。在国家实施创新驱动战略的指引下，杂志这几年关注到各国创新创业的动态，及时进行了报道，发表了国内学者研究的成果。现在把这些文章编辑成集，便于读者搜索研究。本书内容既包括创新创业教育的理论研究，又介绍了各国创新创业教育的实际案例；既介绍了美国、欧盟国家高校创客人才的培养经验，也介绍了许多国家中小学课程和教学方式的改革。本书内容十分丰富，不仅有利于我国创新创业教育的研究，而且有助于学校创新创业活动的展开。希望本书得到更多读者的青睐。

（2018 年 11 月 8 日）

以文化为本，与作者为友

——贺福建教育出版社成立 60 周年

2018 年是福建教育出版社成立 60 周年，我向出版社表示热烈的祝贺，祝贺他们 60 年来为教育事业服务，为社会主义文化繁荣做出的巨大贡献。

我作为一名读者，也是一名作者，和福建教育出版社已有约三十年的交往。记得在 20 世纪 80 年代，我就认识了出版社的黄旭编辑。90 年代初，华南师范大学冯增俊教授在珠江三角洲发起教育现代化的讨论并编写一套丛书在福建教育出版社出版，要我写一篇序言，从此就和福建教育出版社结缘。

为了迎接 21 世纪，总结 20 世纪中国学术成就，出版社要编辑出版一部《20 世纪中国学术大典》。黄旭与时任社长到北京师范大学找我，邀请我主编书中的教育卷。此项工程我和北京师范大学靳希斌教授用了约 10 年的时间才编写成功。

21 世纪初，黄旭担任出版社总编辑后，筹划编辑出版《木犁书系》，其中又包含了"苜蓿文丛""野草文丛""风雨文丛""我思文丛"等系列。我的第一本教育随笔《杂草集》就在"苜蓿文丛"（教育随笔）中应运而生，以后一发不可收，《野花集》《绿叶集》也相继出版发行。

福建教育出版社重视文人的作品留存和传播，不仅出版了民国时期一批文化大师的著作，而且出版了一套鲁迅手稿线装本。当黄旭把这套鲁迅手稿送给我时，我惊讶不已，一个地方教育出版社竟然有这么大的魄力出版发行鲁迅手稿线装本！也由此产生对福建教育出版社的敬意。从而想起与鲁迅有关的两本书：一本是鲁迅胞弟周建人口述、女儿周晔整理的《鲁迅故家的败落》，另一本是周晔生前撰写的《伯父的最后岁月——鲁迅在上海（1927—1936）》。前一本书1984年曾在湖南人民出版社初版，但版本简陋，错误众多。后一本书因周晔早逝，一直没有出版。我作为他们的亲属，很想将两者重新编辑出版。于是请黄旭帮助，问其能否在福建教育出版社出版这两本书。黄旭总编辑一口答应，使我了却一桩心愿。2001年《鲁迅故家的败落》又增加了过去湖南人民出版社删去的部分内容重新修订出版。我对福建教育出版社真是心存感激。2014年出版社邀请我编辑出版了《鲁迅著作里的教育》一书。福建教育出版社成为出版有关鲁迅著作的重镇。

我一直认为，出版社是传播文化、繁荣学术的场所。出版社要发展，就要编辑出版一批传世之作。福建教育出版社做到了这一点。《木犁书系》中的多个文人著作的出版，如《严复全集》《庐隐全集》，还有《梁启超论教育》《胡适论教育》等，都有传世的意义。

20世纪末，出版社还成立了教师培训中心，为福建省的中小学教师提供进修提高的平台。记得在福建石狮举办培训班时，我和靳希斌教授曾受邀讲过课。2015年我第二次访问出版社，使我特别感兴趣的是出版社办起了"梦山书屋"，把出版发行与售书读书结合起来。"梦山书屋"不仅在出版社旁边开起来，而且开到鼓山旅游景区。它既是书店，又是图书馆，还是咖啡馆。在那里可以读书休息，可以做到"读书以修身、休闲以养心"。福建教育出版社做到了以文化为本，与作者为友。我作为一名作者，与出版社有说不尽的故事。

再一次祝贺福建教育出版社成立60周年，祝愿出版更多更好的作品！

（2018年9月10日）

《丘耀宗日记（1920）》序

　　不久前，林勇军先生寄来《丘耀宗日记（1920）》（以下简称《日记》）。丘耀宗先生是北京师范大学早年校友。据"丘耀宗小传"中记载，其于1918年入北京汇文大学，但为了改革教育以救国民，遂转入北京高等师范学校（北京师范大学的前身）。1919年，北京爆发了五四运动。丘先生和北高师同学一起走上街头，积极参加了这场爱国运动。《日记》写于1920年，书中虽然没有记录五四运动的详细情况，但五四运动余波未平，那年出现日本侵犯天津、山东等事件，因此记录了北京学生奋起抗争的情形。《日记》主要记录了1920年8个多月丘先生的学校生活，使我们了解到当时北高师的教学和学生的生活情况，具有重要的历史价值。

　　2019年是五四运动一百周年，是北京师范大学建校117周年。能够看到《日记》，实是一件幸事。《日记》不仅使我们了解到早年校友的动向，而且为校史增加了宝贵的资料。《日记》的出版，也是对五四运动一百周年的最好纪念。可惜丘先生英年早逝，实是北师大的一大损失。可以告慰丘先生的是，北师大一百多年来，在几代学者努力下，正在向世界一流大学迈进。

　　是为序。

（2019 年 3 月 2 日）

怀念朱勃先生

朱勃先生是我国老一代教育家，早年留学美国，20 世纪 50 年代后期又留学苏联。可惜我在苏联与他失之交臂。本来同是一个学校——国立莫斯科列宁师范学校，可惜我 1956 年回国，他刚巧才去，没有能够在那里成为同学。认识朱勃先生已是改革开放以后了。

改革开放使我们有机会了解世界各国的教育。1980 年，教育部高等教育司邀请美国哥伦比亚大学比较教育学者胡昌度教授到北京师范大学来讲学，同时组织了一个大学教师进修班，向胡昌度先生学习比较教育。我当时担任北师大教育系主任兼外国教育研究所所长，算是这个班的组织者。我们在进修班里除了跟学生一起听课外，胡昌度先生还为我们开设了比较教育方法论等课程。一个学期课程结束后，进修班的十几位老师一起商量，我们应该编一本中国自己的比较教育教材。但是我们进修班的学员虽然当时大多已年过半百，却都没有留洋的经历，对比较教育也比较陌生，不知如何下手。于是想请老一辈的教育家出来指导。我们请了杭州大学王承绪先生，他曾经留学英国，早年就介绍过西方的教育；请了福建师范大学的檀仁梅先生，他曾经留学美国；再就是请了华南师范大学的朱勃先生。

为了写好新中国第一本比较教育教材，我们进行了多次讨论，初步拟订了一个提纲。1981 年春在华南师大召开了大纲讨论会，朱勃先生为这次讨论会做了精心的准备。我记得，那时学校办学条件很简陋，华南师大在广州郊区，四周都是农田（现在当然已变成市中心了），学校连个招待所都没有，朱勃先生联系了空军招待所。我们在那里开了整整一个星期的讨论会，把大纲定了下来。当年夏天，在烈日炎炎下，王承绪先生、朱勃先生和我们一起在北京四中旁边的人大招待所工作了整整一个月，才把初稿定下来。那时檀仁梅先生因病就没有再参加。因而这本《比较教育》就由王承绪、朱勃和我作为主编出版。该书在教育部第一届高等学校教材评优中被评为二等奖。

1979 年 10 月底，中国教育学会外国教育研究会在上海成立，朱勃先生和我都被选为研究会常务理事，于是我们接触更多了。当时约定好年会由北师大、华东师大、东北师大、河北大学的四个外国问题研究所和华南师大教科所轮流坐庄。第一次学术研讨会是在研究会成立之前的 1978 年夏天，在北师大召开的。第二次年会在上海的华东师大召开，就是那次会上成立了外国教育研究会，后改为比较教育研究会。第三次年会于 1981 年在保定河北大学召开。第四次年会于 1983 年在长春的东北师大召开。本来第五次年会轮到在华南师大召开，但因种种原因，特别是朱勃先生患病未能开成，甚感遗憾。

朱勃先生为我国比较教育建设做出了重要贡献。他不仅指导我们编写了新中国第一本比较教育教材，还积极参加了比较教育的各种学术讨论，特别是他编著了《比较教育史略》一书。该书虽然篇幅不大，但是运用历史唯物主义的观点系统地介绍和分析了比较教育学科发展的历史，填补了当时我国比较教育研究的空白。

朱勃先生学识渊博，为人谦和，可惜过早离我们而去，确是我国比较教育学界的一大损失。今天我们来怀念他，就要不忘初心，努力继承他的事业，在新时代推进比较教育的发展。

（2019 年 1 月 20 日）

怀念汪永铨教授

汪永铨教授离开我们两年了，想起我国高等教育的事业，总会想起他。我和汪永铨教授相识是在"文化大革命"以后不久。1977年恢复高考，高等教育由此逐步走上正轨。但对于高等教育如何按照教育规律办学，大家还很迷惘。1980年中国教育学会和北京市高教局在暑假举行了一次高教干部讲习班，要求北京师范大学的教师讲一讲教育理论。我当时任北师大教育系主任兼外国教育研究所所长，任务就落到我身上。但我觉得我们无法胜任，因为我们过去只研究中小学教育，对高等教育从来没有关心研究过。但当时校领导却对我说："你带个头吧。"我只好硬着头皮准备。这就是我写的《现代生产与现代教育》一文。

就在这期间，北京大学开始成立高教所，高教所的领导汪永铨、郝克明到北师大外教所来找我，了解我们外教所的情况，交流经验。他们非常谦虚，说他们不懂教育理论，希望我们合作。当时汪永铨担任北大教务长的工作，王义遒教授是负责教学的副校长，两人商量邀请我给北大干部讲一次课。我就讲了"试论高等学校教学过程的特点"，向他们两位请教。从此我和汪永铨教授结下了深厚的友谊。汪永铨教授具有领导高等教育教学的丰富经验，但他非常谦虚，一直说他不是学习教育学的科班出身，缺乏教育理论功底。因此他把第一批硕士研究生放到北师大外教所来听我讲教育学原理的课程。

其实他的高教理论更加深刻。当时国家教育行政学院经常请我们讲课，我在那里听过他讲的课，对高等教育发展的形势和意见，他讲得非常精辟。

北大高教所是我国建立最早的高教所之一。第一任所长就是汪永铨教授。30多年来，北大高教所在他的领导下，为我国高等教育学的建设做了巨大贡献，培养了大批高教研究的人才。汪永铨教授是我国高等教育学奠基人之一。

我和汪永铨教授的友谊主要凝结在编纂《教育大辞典》的工作中。当时中国教育学会张承先会长以及刘佛年、吕型伟副会长推举我担任《教育大辞典》主编，我就请汪永铨教授担任《高等教育》分卷主编，他毅然答应。编纂这部辞典用了整整12年。汪永铨教授认真负责，写了又改，改了又写，反复琢磨，精益求精，耗费了很大精力。以后我们又有多次合作，我的博士生毕业论文答辩，多次请他做答辩委员；我们共同受聘为教育部教育发展研究中心的专家和咨询委员；我们共同倡导在山西教育出版社编纂出版《中国中青年学者教育学术文库》；我们共同参与建立我国高等教育评估制度，第一届中美高教评估研讨会就是在汪永铨教授主持下召开的。总之，在他病休以前的几十年，我们每年会有多次在一起开会，共同讨论。他对我国教育，不单是高等教育，都有许多精辟的见解。

汪永铨教授工作勤奋，为人谦和，无论是学术研究还是道德文章，都堪称楷模。他常常工作到深夜，有时凌晨起来，又开始工作。1986年，我们应杜祖贻教授的邀请，第一次访问香港中文大学参加华人教育研讨会，当时住在一个房间。但他因为夜里要起来工作，又怕打扰我，竟然睡到客厅沙发上，我早上起来才知道。他很早就接触信息技术，运用电脑写文章。我当时对电脑在心理上有点拒绝，觉得太复杂了，不愿意接触它。他就劝我用电脑，说用电脑写文章有许多便利。在他的启发下，20世纪末我也用起电脑来，确实十分便利。

特别值得提到的是，20世纪90年代，香港中文大学杜祖贻教授为了扶持内地青年学者的研究，设立联校奖学金，就找到了我和汪永铨教授。我们共同商量，制订了方案。这个奖学金开始只是在北大、北师大、华东师大、东北师大等少数学校，后来扩大到上海交大医学部、广州大学、中央民族大学等12所学校，每年奖励博士、硕士研究生和青年教师约百名。奖学金设立至今15年，共投入资金约1000万元，奖励学者1400余名。20世纪90年代正是内地教育经费困难时期，我担任北师大副校长期间，北师大一年的经费不足一个亿人民币，现在达到几十个亿。所以当时的联校奖学金正是给青年学者的雪中送炭。奖学金不仅资助了青年学者的研究工作，获奖者还把它作为一种荣誉。因此，我要趁此机会特别感谢杜祖贻教授。同时我们也不要忘记汪永铨教授对青年学者的支持和指导。

我和汪永铨教授是同龄人，他的父亲汪奠基先生曾是我的老师。新中国成立初期，他曾在北师大任教育系主任，讲授教育哲学。我曾听过他的课。后来院系调整汪奠基先生才被调到人民大学。汪永铨教授的过早离去，令我感到非常悲伤。但人非金石，总有悲欢离合，此事古难全。我们只有学习他的勤奋治学的精神，努力学习，继续完成他创立的事业，以寄托我们对他的思念。

（2018 年 6 月 29 日）

爱的教育颂

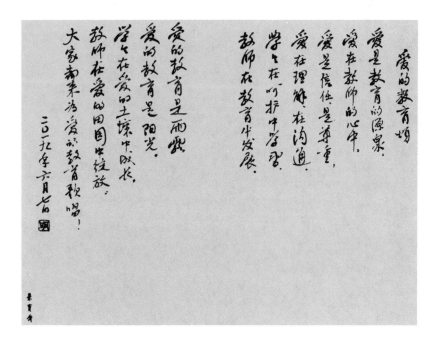

爱的教育颂

爱是教育的源泉，
爱在教师的心中。
爱是信任，是尊重，
爱在理解，在沟通。
学生在呵护中学习，
教师在教育中发展。

学生在爱的土壤中成长，
教师在爱的田园中绽放。
爱的教育是阳光，
爱的教育是雨露，
大家都来为爱的教育歌唱！

二〇一九年六月吕智

爱是教育的源泉，
爱在教师的心中。
爱是信任，是尊重，
爱在理解，在沟通。
学生在呵护中学习，

教师在教育中发展。

爱的教育是雨露，

爱的教育是阳光。

学生在爱的土壤中成长，

教师在爱的田园中绽放。

大家都来为爱的教育歌唱！

（2019 年 6 月 7 日）

美的教育颂

美的老师

爱的心灵，情的胸怀。

老师是阳光，照耀着小苗发育，

老师是雨露，滋润着花木成长。

美的孩子

纯洁的童心，欢快的笑脸。

在知识的海洋中游弋，

在爱的阳光下放飞梦想。

美的校园

散发着中华文化的音韵，

飘扬着现代化的书香。

各美其美，美美与共，

美的教育在这里生长。

（2009 年 3 月 30 日为东湾国际实验小学题）

江阴颂

　　江阴古城，历史悠久，民性强毅，人情诚朴。人称忠义之邦，人文之乡。

　　江阴地处长江之滨，人杰地灵。明代有徐霞客周游祖国山河；近代有刘氏兄弟作文抚琴；今有沈鹏书法艺术之巅峰。江阴学子遍神州。

　　新中国成立，古城焕发新生。改革开放，激起创业之热情；经济腾飞，促进社会之文明。

　　尊师重教育，培育英才，文脉永承。

　　科技日新，时代前进。江阴江阴，乘新时代之东风，扬帆而远行。

　　贺介居书院《澄鉴》创刊！

（2018 年 7 月 24 日）